Wilhelm Heymann

Das l der indogermanischen Sprachen

gehört der indogermanischen Grundsprache an

Wilhelm Heymann

Das l der indogermanischen Sprachen
gehört der indogermanischen Grundsprache an

ISBN/EAN: 9783744626545

Hergestellt in Europa, USA, Kanada, Australien, Japan

Cover: Foto ©Thomas Meinert / pixelio.de

Weitere Bücher finden Sie auf **www.hansebooks.com**

der indogermanischen Grundsprache an.

AUGURALDISSERTATION

ZUR ERLANGUNG DER

PHILOSOPHISCHEN DOCTORWÜRDE

AN DER

RG-AUGUST-UNIVERSITÄT ZU GÖTTINGEN

VON

WILHELM HEYMANN

AUS BREMEN.

(Eingereicht am 31. März 1873.)

Weimar,
Hof-Buchdruckerei.
1873.

Dass die Frage nach den Verwandtschaftsverhältnissen der indogermanischen Sprachen immer noch eine offene ist, beweisen nicht nur die verschiedenen Ansichten vom Stammbaum der Indogermanen [1]), sondern auch die Möglichkeit von Angriffen gegen die Idee des Stammbaums überhaupt, wie sie neuerdings Johannes Schmidt versucht hat. Erst eine Reihe von Einzeluntersuchungen über diejenigen sprachlichen Eigenthümlichkeiten, in welchen sich einzelne Sprachen und Sprachgruppen besonders nahe zu berühren scheinen, wird zur Wiedergewinnung der wie es scheint im Augenblick verlornen Basis zu einer Entscheidung führen.

So ist denn auch schon lange erkannt worden, dass ein sehr wichtiges Moment zur Entscheidung über die Zusammengehörigkeit der einzelnen Gruppen unseres Sprachstammes die übereinstimmende oder abweichende Wahl einer der beiden liquidae *l* und *r* in Wörtern des gemeinsamen indoeuropäischen Sprachschatzes bildet. Lottner [2]) hebt die Uebereinstimmung der Europäer in der Wahl des *l* gegenüber dem *r* der Asiaten hervor, um daraus, wie aus andern Beobachtungen den Schluss auf das nach der ersten Sprachtrennung vorauszusetzende Beisammensein der Europäer als Gesammtnation zu ziehen. Zugleich stellt er die Vermuthung auf, dass die indogermanische Grundsprache das *l* gar nicht besessen habe, eine Ansicht, worin er mit Schleicher [3]) u. A. übereinstimmt. Noch entschiedener betont jenen Gegensatz der Arier und Europäer Fick in der Bemerkung, [4]) dass sich die nähere

---

[1]) Wesentlich verschiedene Uebersichten z. B. bei Schleicher Compendium (2. Aufl.) p. 7 ff Fick Vergl. Wtb. p. 1051. [2]) Kuhns Zeitschrift 7, 19. [3]) Schleicher Compend. § 115 vgl. 128. [4]) Kuhns Zs. 20, 353.

Verwandtschaft der europäischen Sprachen gegenüber den Ariern nirgends deutlicher zeige, als in der gemeinsamen Entwicklung des *l*, das der indogermanischen Ursprache, ja selbst der gemeinsam arischen Periode durchaus abzusprechen sei. Fick widerruft mit dem letztern Theile seiner Behauptung das, was der erste Theil seines vergleichenden Wörterbuches anschaulich zu machen versucht, dass nämlich in einer Reihe von Fällen, wo das Sanskrit mit den europäischen Sprachen in Bezug auf das *l* übereinstimmt, dieses für die Grundsprache anzusetzen sei, wie er auch bereits in den ergänzenden Bemerkungen zu seinem Wörterbuche [1]) sämmtliche Wurzeln mit *l*, die er anfangs der indogermanischen Periode zuerkannt hatte, auf solche mit *r* zurückzuführen versucht. [2])

Nur sehr schwerwiegende Gründe können uns berechtigen, das nicht auf allzu schwachen Füssen stehende übereinstimmende Zeugniss des Sanskrit und der europäischen Sprachen so völlig umzustossen, ein Verfahren, das in dieser Schärfe völlig vereinzelt dasteht, da wir sonst nie Anstand nehmen, das den Asiaten und Europäern Gemeinsame der Grundsprache zuzuerkennen, selbst wenn, wie mir scheint, die Evidenz, dass ein lautlicher Vorgang in räumlich weit von einander getrennten Sprachen sich wirklich erst n a c h i h r e r S o n d e r u n g entwickelt habe, grösser ist als beim *l*. So wagen bekanntlich Manche immer noch nicht die stummen Aspiraten der Grundsprache abzusprechen, [3]) obgleich nur wenige Beispiele für ihre so frühe Existenz sprechen und zudem die Aspiration ein so leicht eintretender und in den indogermanischen Sprachen so verbreiteter Vorgang ist, dass

---

[1]) p. 940 ff. [2]) Inzwischen ist nach Abschluss dieser Untersuchung die inhaltreiche Schrift Ficks „Die ehemalige Spracheinheit der Indogermanen Europas" erschienen, worin die erwähnte Ansicht weiter ausgeführt und begründet ist. Bei der grossen Ueberzeugungskraft der Gründe Ficks für eine europäische Spracheinheit scheint es mir um so gerechtfertigter, die in der folgenden Untersuchung vertretene abweichende Ansicht in Bezug auf das Alter des l noch immer entschieden zu betonen, zumal da durch sie das von Fick gewonnene R e s u l t a t durchaus nicht beeinträchtigt werden dürfte. [3]) Vergl. Grassmann Zs. 12, 109, Curtius Griech. Etym. p. 84.

wir die harten Aspiraten recht wohl als nach der Trennung in den Einzelsprachen entstanden denken können. [1])

Es ist aber nur ein scheinbar sehr schwerwiegendes Bedenken, das besonders Fick gegen das grundsprachliche l geltend gemacht hat, nämlich der Mangel des l im Altbaktrischen und Altpersischen. Soll diesem Einwande überhaupt beizukommen sein, so muss er bestimmter formulirt werden. Dass eine Sprache eine Abneigung gegen gewisse Laute, die in einem früheren Zustande ihr wie andern eigenthümlich waren, in einer spätern Periode geltend machen und demgemäss jene Laute verlieren kann, hat Analogien genug, hier genügt wohl das eine Beispiel, dass das Slavische und Litauische die alten Aspiraten gänzlich eingebüsst haben, [2]) wozu besonders noch das Altbaktrische verglichen werden kann, das die grundsprachlichen Aspiraten durch nicht aspirirte Laute ersetzt und erst, nachdem diese als ursprünglichster Zustand dieser Sprache anzusehende und mit der Verschmähung des l zu vergleichende Lautneigung gewirkt hatte, selbstständig eine neue Aspiration eintreten lässt, die auf diesem Wege dann oft wieder mit der davon zu trennenden grundsprachlichen zusammentrifft. Dass das Altbaktrische [3]) kein l hat, spricht nicht gegen die Existenz des grundsprachlichen l, die Vertheidigung des letzteren wird erst dann erschwert, wenn geradezu die Gleichung aufgestellt wäre: grundsprachlich $l =$ altbaktrisch r und die Forderung gestellt würde, den damit angenommenen Uebergang von l in r zu erweisen. Einigermassen auffallend — ist aber jene Gleichung wohl kaum irgendwo mit voller Schärfe ausgesprochen worden, und dafür muss sich wohl ein Grund finden lassen. Justi sagt [4]) „auch das in den Handschriften verlorne l wird durch r ausgedrückt, nur ist schwer zu sagen, wo l gestanden hat," Schleicher [5]) übergeht diesen Punkt mit den Worten „l ist (im Altbaktrischen) neben r noch nicht vorhanden", Fick betont ebenfalls nur jenen Mangel, seine Zusammenstellungen, welche als po-

---

[1]) Vergl. auch unten p. 6 über die Unursprünglichkeit der tönenden Aspir. [2]) Schleicher Comp. § 175. [3]) Das Altpersische muss ich vorläufig unberücksichtigt lassen, vgl. darüber am Schlusse. [4]) Handbuch der Zendsprache p. 362 § 58. [5]) Comp. § 132.

1*

sitiver Einwand ausgelegt werden könnten, sind weiter unten
zu prüfen, und zugleich ist zu ermitteln, warum die Gegner
des grundsprachlichen *l* nicht allzuweit über die Constatirung
der Thatsache, dass das Altbaktrische kein *l* besitzt, hinaus-
gegangen sind.

Es hat aber auf der andern Seite nicht an Stimmen ge-
fehlt, welche das *l* der Grundsprache zuerkannten. Benfey[1])
hat, soviel ich übersehen kann, keine Zweifel an jener frühen
Existenz desselben ausgesprochen, sondern behauptet nur die
Identität desselben mit *r*, Curtius[2]) glaubt, dass das *l* der
Periode vor der Sprachtrennung nicht gänzlich abgesprochen
werden kann und weist[3]) auf eine Reihe bemerkenswerther
Uebereinstimmungen der verwandten Sprachen hin, Bugge
aber hat noch in allerneuester Zeit in den hübschen etymologischen Untersuchungen, in denen beiläufig der so oft als
unerhört verschriene Uebergang von *n* in *l* wieder vertheidigt
wird, dem grundsprachlichen *l* sogar schon bedenklich grosse
Selbstständigkeit eingeräumt, indem er *la ala, na ana* als
getrennte Suffixe schon in der Grundsprache existiren
lässt.[4])

Bei diesem Schwanken der Meinungen und bei dem be-
deutenden Gewinn, den die Sprachwissenschaft aus der vorzugsweise von Fick vertretenen Ansicht ziehen würde, falls
sie sich als richtig erwiese, erscheint es gewiss wünschens-
werth, dass jetzt einmal auf Grund eines möglichst reichen Ma-
terials die Frage nach dem Alter des *l* geprüft werde. Lässt
es sich irgendwie wahrscheinlich machen, dass die verschiedenen
lautlich und begrifflich entsprechenden Wörter mit *l* im Sanskrit und den europäischen Sprachen erst nach der Trennung
ihre jüngere Gestalt erhalten haben, ja lässt sich diesen
Uebereinstimmungen auf asiatischer und europäischer Seite
auch nur als ein gewichtiges ihr Zeugniss entkräftendes Moment überall der Widerspruch des Altbaktrischen entgegen-
setzen, so wird das Verhältniss des *l* und *r* auf asiatischem
und europäischem Boden allerdings in hohem Grade beweisend
werden für die Trennung sämmtlicher Europäer als einheit-

---

[1]) Griech. W. L. 2, 2, Note, vgl. Vollst. Gr. § 9, p. 20. [2]) Griech.
Et. p. 85 u. 409. [3]) 500 ff. [4]) Zs. 20, 46.

lichen Volkes von den Ariern; denn das ist ohne Weiteres zuzugeben, und der zweite Theil meiner Arbeit soll es anschaulich zu machen versuchen, dass eine gegen den etwa der
Grundsprache zuzuschreibenden Bestand an *l* weit überwie-
gende Neigung, das *r* in *l* zu wandeln, erst in allen europäischen Sprachen eintritt.

Zu der Aufgabe, überhaupt einleuchtende Entsprechungen
mit *l* auf asiatischer und europäischer Seite zu finden, zu der
Schwierigkeit, den Widerspruch des Altbaktrischen hinwegzu-
räumen, gesellt sich noch ein drittes Bedenken. *r* und *l* sind
bisher durchgehends als identische Laute behandelt worden.[1]
Dass die Identität des *l* mit dem *r* ein Hinderniss an der
Annahme der grundsprachlichen Existenz des ersteren sei,
scheint Fick[2] anzudeuten, indem er geltend macht, dass sich
sämmtliche mit *l* angesetzte Wurzeln (der indogermanischen
Periode) leicht auf solche mit *r* zurückführen lassen. Es ist
leicht einzusehen, dass dieser Ursprung des *l* kein Hinderniss
für sein Dasein vor der Trennung ist, wenn nicht zugleich
die begriffliche Identität beider liquidae erwiesen wird. Nur
der Umstand könnte Bedenken erregen, dass mit der Annahme eines grundsprachlichen *l* neben der Anerkennung
seiner Zurückführbarkeit auf *r* schon der Grundsprache ein
Lautwandel zugeschrieben wird, für welchen Analogien beizu-
bringen sind. Allein schon jetzt kann ein Unterschied des
Lautbestandes der Grundsprache, wie er kurz vor der Trennung erscheint, von dem ursprünglichen, und damit eine Reihe
von lautlichen Veränderungen nicht mehr geleugnet werden,
und bei schärferer Trennung verschiedener Wurzelformen, wie
sie auch die folgende Untersuchung durchzuführen haben
wird, sind jedenfalls weitere Bestätigungen zu erwarten. Unter Anderem hat bereits **Fick** die Schwächung[3] von *a* zu *i*
und *u* wahrscheinlich gemacht, die trotz Schleicher[4] nicht
ganz zu leugnende Vocaldehnung behandelt[5], auf den Abfall
von anlautendem *s* vor *k t n p* aufmerksam gemacht[6], woran

---

[1] Curtius versucht an einigen Stellen eine Trennung, vgl. auch
Fick unter europ. *marg malg*. [2] p. 940. [3] p. 943 ff. [4] Comp. § 2
„Die Vocaldehnung müssen wir als etwas Secundäres der Ursprache
absprechen." [5] 956 ff. [6] 966.

sich noch die Verstümmelung vollerer Suffixformen wie das
vant zu *van ra u* schon in der Grundsprache schliessen
dürfte, wie ja auch die Kürzung von **dakant* 10 das in dem
grundsprachlichen Compositum *dvidakanti* 20 noch vollständig
erscheint, [sskr. *viñçati*, altbaktrisch *vîçaiti*, lakonisch βεικατι,
böot. ϝίκατι, ion. ἐείκοσι = ἐϝεικοσι, lat. *viginti*[1]); lit. *(dészimt*
= 10) *dvi-dészimt* für *dvidcszimti*, älter *dvi-dészimtis*[2]) mag
neben *got tvai-tigjus* jüngere Bildung sein, sie zeigen doch
das Princip der Bildung[3])] zu *dakan*[4]) 10 als grundsprachlicher Vorgang nicht mehr bezweifelt werden kann. Dass
die Aspiraten dem ursprünglichsten Zustande der Grundsprache fremd gewesen seien, obwohl sie der Periode vor der
Trennung nicht abzusprechen, bemerkt Schleicher[5]). So hat
denn auch die Versetzung des Wandels von *r* zu *l* in die
Grundsprache kein Bedenken.

Was nun die oft erwähnte Identität des *l* mit *r* betrifft,
so ist sie nicht blos in einer grossen Anzahl von wirklich er-
haltenen Fällen zuzugeben, sondern der Entstehung des *l* gemäss als der ursprünglichste[6]) Zustand anzusehen. Ein rein
phonetischer Vorgang wie der Uebergang des *r* in *l*, der,
etwa mit wenigen Ausnahmen im Sanskrit, nicht nach gram-
matischen Regeln, sondern oft durch nachbarliche Einflüsse
bedingt, oft kaum erklärbar eintritt, kann eine Benutzung
zum Ausdruck begrifflicher Modification erst dann zur
Folge haben, wenn durch denselben scharf geschiedene
dem Sprachbewusstsein als solche klar gewordene Formen entstanden sind. Es ist klar, dass in manchen Fällen die pho-
netisch differenzirten Wurzeln neben einander bestehen können,
ohne auch begrifflich geschieden zu werden, eine solche Existenz müssen wir den *l*-Wurzeln ebensogut zugestehen, wie
z. B. den in verschiedenen Gestalten schon in der Grundsprache erscheinenden Suffixen, die aus derselben Grundform
entstanden, auch später keine begrifflich verschiedene Funk-
tionen üben, ich erinnere wieder an die Verstümmelungen

---

[1]) Vgl. Fick 191. [2]) Schleicher Lit Grammatik § 62. [3]) Benfey
Griech. Wurzellex. 2, 213. [4]) Also Abfall des auslautenden t. [5]) Comp.
§ 115. [6]) Benfey Vollst. Sanskritgr. § 9 p. 20.

aus *vant*, an das aus *van* entstandene *vara*[1]) z. B. in *dhīvan*,
geschickt; Fischer, *dhīvara* m. Fischer; *pīvan*, fett, *pīvara*,
dass. u. A. Da sich nun die Entstehung des *l* aus *r* in spätern Perioden, zur Zeit der europäischen Spracheinheit, selbst
in den Einzelsprachen noch oft wiederholt, so ist auch dort
dieselbe Erscheinung, ursprüngliche Identität der Formen mit
r und *l* zu erwarten. Aber je öfter uns gerade die Wurzeln
mit *l* gegenüber denen, welche ein älteres *r* dafür haben, ent-
gegentreten, desto sorgfältiger haben wir die aus beiden gebildeten Wörter zu untersuchen, um zu erfahren, ob hier
wirklich einmal die Sprache blind gewesen ist, ob sie in
Wahrheit das ihr in der reichen Entwicklung des *l* gebotene
Mittel, die durch sie zum Ausdruck zu bringenden Begriffe
bis in die feinsten Nüancen hinein auch durch die Form
wiederzugeben, nicht erkannt hat. So gewiss es richtig ist,
dass das *l* ursprünglich nach seiner Lostrennung vom *r* diesem gleich war, weil es nicht durch einen bewussten Act des
Sprachgeistes und zu bestimmten begrifflichen Zwecken von
jenem getrennt wurde, sowenig wie dies überhaupt der Weg
ist, den die Sprache nimmt, die vielmehr der lautlichen Trennung die begriffliche meist erst folgen lässt, so wenig sind wir
berechtigt, jenen ältesten Zustand auf alle spätern Perioden
zu übertragen und von dieser vorgefassten Meinung aus nicht
nur in den Fällen, in welchen die beiden liquidae augenscheinlich oder nach den bisherigen Ermittlungen nicht begrifflich verschieden benutzt sind, sondern, wo sie überhaupt
nur auf eine gemeinsame Wurzel zurückführbar scheinen, sie
als identisch zu behandeln. Auch der in manchen Sprachen
blos nach Gesetzen des Wohllauts eintretende Wechsel zwischen *l* und *r* ändert nichts an dem Verhältniss der beiden
Laute. Wie das *l* ursprünglich auf rein phonetischem Wege
entstand, so kann es auch später einmal an die Stelle des *r*
treten, umgekehrt aber auch in dieses übergehen, je nachdem

---

[1]) Benfey Vollst. Gr. p. 171 *vara* Nr. 1—4 Bem. Den Gegnern des
Wandels von *n* in *r* muss hier besonders die regelmässige Femininal-
bildung auf *varī* im Sanskrit gegenüber dem Masculinum auf *van* ent-
gegengehalten werden, z. B. *R V* 1, 48, 1 *vibhāvarī* die leuchtende, zu
vibhāvan; vgl. das Petersburger Wörterbuch.

in seiner Umgebung *r* oder *l* erscheint. Gewöhnlich wird eben des Wohlklangs wegen in solchen Fällen nur e i n e Form Geltung erlangen; finden sich Formen mit *r* und *l* neben einander, so dürften sie nicht zu gleicher Zeit, sondern wohl nur nach einander im Gebrauch sein und können deshalb nicht die Identität von *r* und *l* beweisen. Uebrigens sind solche Beispiele äusserst spärlich, von den bei Christ[1]) angeführten passt genau nur eins hierher -κεφαλαϱγία Kopfschmerz für älteres κεφαλαλγία,[2]) aus dem Lateinischen Parilia für Palilia (von Pales), Palatuar neben Palatualis[3]), caeruleus von caelum,[4]) alle mit Verwandlung des *l* in *r*, um die Wiederholung des ersteren zu vermeiden. Dagegen können natürlich die nach denselben Wohllautsgesetzen in einigen Sprachen antretenden Suffixe mit *r* und *l*[5]) hier nicht mehr beweisend für die Identität der beiden Laute sein, als die in gleicher Bedeutung fungirenden, lautlich dagegen verschiedenen Suffixe überhaupt für die Identität der Laute, aus denen sie bestehen. Ich kann deshalb mit Curtius nicht übereinstimmen, wenn er *l* und *r* für eine spätere Periode als fast gleichbedeutend erklärt;[6]) denn dann müsste das *l*, je länger es existirt, um

---

[1]) Griech. Lautlehre p. 124. [2]) Vgl. auch λείϱιον *lilium*, das aber nach Benfey G. W. L. 2, 137 entlehnt ist aus pers. *lâleh* Lilie und einige Bildungen, die bei Leo Meyer Vgl. Gram. 1, 279 aufgezählt, bei denen es aber nicht ganz deutlich ist, ob das -αϱγία nicht etymologisch verschieden von αλγία ist, da z. B. γλωσσαϱγία auch Maulfaulheit heissen soll. [3]) Corssen Krit Beitr. 381.

[4]) Corssen Krit Nachtr. 231. Damit ist die Ansicht von Curtius 85, der den Uebergang von *l* in *r* für eine frühere Periode bezweifelt, sowie von Fick 1053, der ihn gänzlich leugnet, im Princip widerlegt. Für den wirklichen Uebergang von *l* in *r*, wenn auch erst in jüngern Perioden der Sprache, vergleiche man die Beispiele *it rossignuolo* = *lusciniolus* franz. *apôtre* = *apostolus* Curtius *p* 409, ferner mhd. *kumber* wohl aus roman. *combre* und dieses aus lat. *cumulus* (Benecke zu Iwein 2838), weiter wieder, um Wiederholung des *l* zu vermeiden, ahd. *pleruzzin adolerent* für *pleluzzin* Bopp. vgl. Gr. 2, 475, *ags leort* für *leolt* Heyne Gr. aus altgerm. Dialecte p 199, (dagegen hochd. *armbrust* aus *arcobalista* ohne jene Wohllautsrücksicht), wozu man noch die neuenglische Aussprache des Wortes *colonel* vergleiche. [5]) Zahlreiche Beispiele bei Corssen Krit. Beiträge 328 ff L. Meyer 1, 278/9, wo auch die griech. Endungen -ωϱη-ωλη in τεϱπωλή Vergnügen, ϑαλπωϱή Erwärmung, ἐλπωϱή Hoffnung, notirt siud, vgl. auch 2, 575. [6]) Gr. Et. 409.

so weniger klar dem Sprachbewusstsein als von *r* verschiedener Laut entgegengetreten, während es doch der Natur der Sache nach und, wie die unten folgenden Uebersichten zeigen dürften, gerade umgekehrt ist. Dass übrigens die etymologischen Uebersichten bis jetzt nicht den Eindruck einer begrifflichen Verschiedenheit der beiden liquidae hervorgebracht haben, kann nicht auffallen, da die Zusammenstellungen aus der ganzen Menge der Belege immer nur eine Auswahl geben, und zwar meist ohne Trennung der Wörter mit *r* und *l*, wodurch das Verhältniss der beiden Laute völlig dunkel bleiben muss.

Im Folgenden soll nun aus dem bis jetzt als Gemeingut der Arier und Europäer erkannten sprachlichen Material dasjenige, welches für eine grundsprachliche Existenz des *l* zu sprechen scheint, hervorgehoben, dazu in jedem einzelnen Falle der Uebereinstimmung des Altindischen mit den europäischen Sprachen das Entsprechende aus dem Altbaktrichen herangezogen werden, um die in ihrer Allgemeinheit gar nichts bedeutende Behauptung von dem angeblichen Widerspruch des Zend gegen ein gemeinsames Vorgehen des Sanskrit und der europäischen Sprachen in der Entwicklung des *l* einer Prüfung zu unterziehen; endlich aber soll eine stetige strenge Trennung der Formen mit *l* von denen mit *r* eine ziemlich weitgreifende begriffliche Scheidung beider Laute zu veranschaulichen suchen.

Sollte es mir nicht gelingen, auch nur für einige Beispiele eine schon in der indogermanischen Grundsprache beginnende und durch alle die Sprachen, aus welchen Belege zu geben sind, durchgeführte scharfe l a u t l i c h e und b e g r i f f l i c h e Trennung des *l* vom *r* zu erweisen, jenes sich also in der That als eine vollständig nach Belieben überall an die Stelle seines ältern Vorgängers tretende und darum völlig müssige Nebenform ausweisen, dann muss seine Entwicklung in die Zeit nach der ersten Sprachtrennung fallen, die Uebereinstimmung der Asiaten und Europäer in einer Reihe von Fällen Zufall, die Uebereinstimmung fast aller europäischen Sprachen in der lautlichen und begrifflichen

Sonderung des *l* vom *r*,[1]) die bei allen Europäern übereinstimmend hervortretende blos lautliche Differenzirung des *l* von dem (grundsprachlichen und) arischen *r* ein characteristisches Merkmal der europäischen Sprachen sein, das sie eben so sehr unter einander verbindet, als es sie von den Ariern trennt.

Die vorzuführenden Uebereinstimmungen würden naturgemäss in die auf suffixales und auf wurzelhaftes *l* bezüglichen zu trennen sein. Allein bis auf einige schlagend identische Wörter verwandter Sprachen und mit einer wesentlichen Ausnahme kann auf Uebereinstimmung im Suffix nicht allzuviel Gewicht gelegt werden, da sie, einmal als selbstständige stammbildende Elemente im Gebrauch, auch noch innerhalb der Einzelsprachen angetreten sein können. Indessen mögen die bemerkenswertheren hier genannt werden, ihre Anzahl lässt sich noch vermehren, wenn man Alles aufnimmt, was auch auf europäischer Seite nur durch eine oder wenige Sprachen bezeugt ist.

1) sskr. *kap-âla* m. n. Scherbe, Schädel,

gr. *κεφαλή* (mit *â* in Compositis, wie Benfey[2]) bemerkt).

ags. *heafola hafela*.

2) *gav-ala*, Büffel von *go* PW., also „rindartig.“

gr. *βού-β-αλος*, rindartiges Thier, später Büffel.

lat. *bû-b-ulus* (rindartig) zum Rinde gehörig.

3) sskr. *nâbh-îla*, Nabel.

gr. *ὀμφ-αλός* m.

lat. *umb-il-îcus*.

ags. *nafela* an *nafli* ahd. *nabalo napalo* m. Nabel.

4) *pâla* von *pâ*, schützen, hüten.

sskr. *açva-pâ-la*, Pferdeknecht.

gr. *ἱππο-πόλος*.

lat. *û-pil-ion-* für *ovi-pilion*.[3])

sskr. *avi-pâla*, Schafhirt.

gr. *αἰπόλος* für *αἰγπολος*.

lat. *Pales*, Hirtengöttin.[3])

---

[1]) Siehe den zweiten Theil der Arbeit und jetzt auch Fick Die ehemalige Spracheinheit u. s. w. p. 201 ff. [2]) G. W. L. 2, 324. [3]) Corssen Beitr. 152.

5) sskr. *piṅg-ala*, braun; subst. Name verschiedener Thiere, z. B. Schlange.

gr. *πίγγ-αλος· σαῦρος ὁ καλούμενος χαλκίς* [1])

was auf die Benennung nach der Farbe hindeutet. Ich glaube das Wort der Grundsprache zuschreiben zu dürfen, weil der Bedeutungsfortschritt von der Bezeichnung der braunen Farbe zu der brauner Thiere im Sanskrit und Griechischen derselbe ist, und ausserdem neben sskr. *piṅgala* noch *piñjara* „goldfarbig" existirt. Letzteres kann wegen des *j* nicht grundsprachlich sein, beide gehen aber wie das Griechische sicher auf eine grundsprachliche Form *pingara* zurück, aus welcher sich die im sskr. und griech. in gleicher Bedeutung bewahrte Form *pingala* differenzirte, während *pingara* im sskr. in *piñjara* mit etwas verschiedener Bedeutung umgewandelt wurde.

6) sskr. *peç-ala*, künstlich verziert, bunt.

gr. *ποιχ-ίλος* vgl. ahd. *fêh*.

7) sskr. *stha-lā* f. Ort, Stelle, *stha-la* n.

gr. *στάλη· ταμεῖον κτηνῶν*.

lat. *st-lo-cus*, *locus*.

ags. *stall*, *steall (Heyne stäl)*, Stelle, Stall, an, *stallr*, Erhebung, Stall.

ahd. *stal*, mhd. *stal* m. Stelle, Ort n. Gestell, Stütze.

8) sskr. *dhûlî*, *dhûli* f. Staub, *dhûlikâ* f. Nebel.

lat. *fu-l-îgin-* Russ.

lit. *du-l-ke-s* f. pl. Staub.[2])

sskr. *açva-la*, Eigenname, als Appellativum „Kämpfer zu Ross" ? *(P.W.)*

gr. *Ἵππαλος* [3])

wo der übereinstimmende Gebrauch als Eigenname im sskr. und griech. bedeutsam ist.

Wenn aus der Uebereinstimmung obiger Wörter weiter nichts zu folgern ist, als die grundsprachliche Existenz von *l* Suffixen überhaupt, so stellt sich die Sache ganz anders, wenn es sich erweisen lässt, dass gewisse Suffixe dieser Art im Altindischen ebenso wie in Europa benutzt werden, um dieselben

---

[1]) Hesych kl. Ausgabe p. 1241. [2]) Vgl. Fick p. 104. [3]) Dieses wie die vorhergehenden Beispiele sind auch bei Fick verzeichnet, wo sie sich leicht finden lassen.

begrifflichen Kategorien auszudrücken. Selbst wenn man geneigt
wäre, zuzugeben, dass die lautliche Umwandlung des *r* in *l*
in denselben Formen unabhängig auf asiatischem und
europäischem Sprachboden vor sich gegangen sein könne, so
hiesse es dem Glauben mehr als billig zumuthen, dass diese
neugeschaffenen Formen, in unserem Falle also bestimmte
l Suffixe, vor allen andern sprachlichen Mitteln erst nach der
Sprachtrennung, das heisst auf europäischer Seite schon zur
Zeit der europäischen Spracheinheit, im Sanskrit, das ja noch
lange mit den eranischen Sprachen verbunden blieb, viel später
übereinstimmend gewählt sein sollten, uralten äusserst beliebten
Begriffen, ich meine nämlich die *deminutiva*, Ausdruck zu
geben. Wir müssen vielmehr hier, wie wir es sonst thun,
aus der Uebereinstimmung auf beiden Seiten den Schluss auf
die uralte grundsprachliche Verwendung der *l* Suffixe als
Deminutivbezeichnungen machen. Folgender Gebrauch findet
sich im Sanskrit: Statt des secundären *ka* (das als Deminutiv-
suffix ebenfalls uralt sein muss) in der Bedeutung *III* bei
Ausdruck von Mitleid (z. B. *putraka* armer Sohn, Söhnchen)
und *IV* bei Mitleid verbunden mit Beruhigung *cet.* tritt an
mehr als zweisilbige Menschennamen auch *ila* (hinter Themen
auf *u* und *r* nur *la*). Dabei wird von Compositionen das eine
Glied eingebüsst, also *Devila, Dattila* beide „*Hypokoristika*
von *Devadatta*" (*P. W.*). So wird *Upila* für alle mit *upa*
anfangenden Eigennamen (da Alles vom zweiten Vocal an
eingebüsst wird) gesagt. [1]) (*P. W.*) Ueberall entwickelt
sich aus der Bedeutung des Kleinseins die des Verächtlichseins
(vgl. das Lateinische, z. B. *Graeculus*), sie fehlt auch nicht
im Sanskrit. Während ferner das Suffix *mat* „damit ver-
sehen" bedeutend hinter gewissen Wörtern durch andere
Suffixe ohne Bedeutungsmodification ersetzt werden kann, tritt
an *vāc* Rede, das ohne Bedeutungsveränderung *gmin* (muss
wohl *min* heissen) an sich nimmt, also *vāgmin* „mit Rede ver-
sehen, beredt", in der Bedeutung „geschwätzig" das Suffix *āla*
(oder *āṭa*) [2]), was ich um so eher dem oben Bemerkten noch
hinzufügen zu dürfen glaube, als sich eine ähnliche Bildung

---

[1]) Benfey Vollst. Gr. § 561. [2]) a. a. O. 564 *VIII.*

im Griechischen zeigt: στοματ- Mund, von *stan* tönen durch
mat abgeleitet [1]), hat neben sich die Bildung στωμύλος [2]),
während nun also die Wurzel *stan* mit Suffix *mat* den Mund
als den tönenden bezeichnet; giebt wie bei *sskr.* *vácála* das
l Suffix der Bildung στωμύλος die tadelnde Bedeutung geschwätzig. [3]) Vielleicht darf auch noch die Vertretung des *sskr.*
mat durch das oben erwähnte *ila* hinter Namen von Körper-
theilen zur Bezeichnung eines, dem diese verwachsen sind [4])
aus dem obigen Gebrauch erklärt werden. Die Deminutivbildung durch Suffixe mit dem Hauptbestandtheil *l* in den
europäischen Sprachen ist so bekannt, dass sie hier blos an-
gedeutet zu werden braucht. Am ausgedehntesten ist vielleicht
der Gebrauch im Lateinischen, aus dem Leo Meyer Beispiele
in Fülle beibringt [5]), worunter bemerkenswerth z. B. der
Gebrauch bei Comparativen zur Milderung des Ausdrucks wie
meliusculo- sowie die Häufung von Verkleinerungssuffixen sind.
Im Griechischen sind diese Verkleinerungssuffixe weit seltener
und werden durch andere ersetzt. Leo Meyer führt einige
seltene und erst in späterer Zeit auftretende Wörter auf, mit
v vor dem *λ* δρῖμύλος ein wenig scharf, παχυλός etwas dick
ἡδύλος etwas süss u. s. w., Eigennamen wie ψευδύλος (von
ψευδές- lügenhaft), dann die nochmals mit *ιο* zusammen-
gesetzten wie εἰδύλλιον Bildchen (von εἶδος) und viele andere. [6])
Auch im Slawischen und Deutschen sind diese Bildungen
ausserordentlich beliebt. Im Litauischen ist von allen Demi-
nutivsuffixen das häufigste männl. -*élis* (bei mehr als zweisilbigen Worten *élis*), weibl. *élé* bei zweisilbigen Worten, *élé*
bei mehrsilbigen [7]), aus dem Gotischen mögen hier die Beispiele *magula* Knäblein von *magu-* Knabe, *barnilo* Kindlein,

---

[1]) Fick 211. [2]) Zu der Längung des *o* in diesem Worte, die dem
Einfluss der ursprünglich darauf folgenden Position *nm* zuzuschreiben ist
(stan-mant) während in στοματ das *n* einfach ausgefallen ist, vgl. das *sskr.*
stâmán m Mund *A* V 5, 13, 5, das ich einer gütigen Privatmittheilung
des Herrn Professor Dr. Benfey verdanke. [3]) L. Meyer Vgl. Gram.
2, 584. [4]) Vgl. Benfey Vollst. Gr. 563, 3, *c*; leider fehlt das dort verzeich-
nete Beispiel *karṇila* im Petersburger Wörterbuch auch im Nachtrag).
[5]) L. Meyer Vgl. Gram. 2, 591 ff. [6]) L. Meyer Vgl. Gram. 2, 591, 592.
[7]) Schleicher Litauische Grammatik. p. 130 § 56.

marilo Mägdlein[1]) genannt werden. Von einer älteren Verwendung von Suffixen mit *r* in gleichem Sinne, aus welchen sich die genannten Suffixe erst entwickelt hätten, findet sich keine Spur, in den griechischen Suffixen *-αριον -υδριον* ist doch wohl das verkleinernde Element in *ιο* zu suchen.[2]) Demnach muss aber schon in der indogermanischen Grundsprache der Gebrauch von Suffixen mit *l* zur Deminutivbildung ein ganz bestimmt fixirter gewesen sein.

Untersuchen wir nun das Verhältniss des Altbaktrischen zu diesen Uebereinstimmungen, so finden wir, dass es nicht den mindesten Einspruch dagegen thut. Was zunächst die oben als grundsprachlich angesetzten Wörter mit *l* im Suffix betrifft, so fehlen zu diesen allen die Entsprechungen, bei denen man *r* voraussetzen würde, im Altbaktrischen, und man darf sie deshalb als fertige Wörter der Grundsprache zuschreiben. Dagegen will ich hier nicht verschweigen, dass die Verwendung der *l* Suffixe in grösserem Massstabe im Sanskrit erst nach der Trennung der Arier vor sich gegangen zu sein scheint; denn sonst müssten sich wenigstens eine Reihe augenscheinlich identischer Wörter im Sanskrit und Altbaktrischen finden, in welchen das Letztere an die Stelle des *l* im Suffix des Sanskritwortes ein *r* gesetzt hätte, ohne dass dabei an einen Uebergang von *l* in *r* gedacht zu werden braucht. Nun glaube ich aber nach genauer Durchsicht sämmtlicher bei Benfey[3]) aufgezählten Beispiele, die durch Primärsuffixe mit *l* gebildet sind und sorgfältiger Vergleichung der von Justi[4]) zusammengestellten Wörter mit primären *r* Suffixen versichern zu können, dass die Sanskritbildungen auf Primärsuffixe mit *l* mit ganz vereinzelten Ausnahmen im Altbaktrischen gar keine Entsprechungen, auch nicht mit *r* neben sich haben. Bei den secundären Bildungen dürfte mir Einiges entgangen sein, ich wage daher hier kein Urtheil. Doch erwähnen auch Bopp[5]) und Schleicher[6]) nicht mehr, als was ich ebenfalls gefunden

---

[1]) L. Meyer. Die Got. Spr. § 288 p. 315.   [2]) Vgl. *κοράσ-ιο-ν* Mägdlein. [3]) Siehe das Verzeichniss der Primärsuffixe Vollst. Gram. 363—425. [4]) Hdbuch d. Zdspr. von § 118 p. 366 an, vgl. Spiegel Altb. Gram. p. 81 ff., wo die Bedeutungen beigefügt sind.   [5]) Vgl. Gram. §. 938. 940. [6]) Comp. § 220.

habe, nämlich als Primärbildung *çukla* (schon vedisch, siehe
P. W.) leuchtend, altbaktrisch *çukhra*, altpersisch *Thukhra* (Justi),
woneben aber auch im Sanskrit *çukra* vorkommt, und durch
secundäres *ra* gebildet *çlīla* (so Benfey Glossar z. Chrest.,
während Andere auch *çrīla* haben) altbaktrisch *çrīra* schön.
Unbedingt nothwendig macht aber das Altbaktrische den
Schluss auf die erst später eingetretene Ausdehnung der Anwendung von Suffixen mit *l* nicht; denn es wäre denkbar und
und wird sich vielleicht aus dem Folgenden als noch wahr-
scheinlicher ergeben, dass das Altbaktrische m ö g l i c h e r w e i s e
die alten Bildungen mit *l* nach seiner Trennung vom Sanskrit
ganz aufgegeben und durch andere ersetzt hat. Auch die
durch ihre bestimmte Bedeutung als grundsprachlich gesicher-
ten Deminutivsuffixe mit *l* haben im Altbaktrischen keine
entsprechenden Formen etwa mit *r* neben sich, doch scheinen
diese Ausdrücke überhaupt im Altbaktrischen verloren gegangen zu sein, wenigsens finde ich bei Spiegel nichts Derartiges
verzeichnet, die Beispiele unter *ka* woran man nach Analogie
des Sanskrit am ersten denken könnte,[1]) zeigen nichts von
Deminutivbedeutung.

Ich glaube demnach den Gebrauch von Suffixen mit *l* durch
das übereinstimmende Zeugniss des Sanskrit und der europäischen Sprachen, durch den Nachweis einer bestimmten
begrifflichen Verwendung, die dem *r* nicht zukommt, in den
hypokoristischen Bildungen, sowie durch Beseitigung des Ein-
wandes, das Altbaktrische trete jenen als grundsprachlich hin-
gestellten Bildungen durch Formen mit *r* entgegen, als grundsprachlich erwiesen zu haben.

Indem ich nun zur Behandlung des wurzelhaften *l* gehe,
muss ich noch folgende Bemerkungen vorausschicken. 1) Fick
hat die Möglichkeit betont, sämmtliche Wurzeln mit *l* auf
solche mit *r* zurückzuführen. Mir scheint dies bei dem verhältnissmässig späten Auftreten des *l* erst kurz vor der Sprachtrennung durchaus gerechtfertigt zu sein, weil wir sonst
gezwungen sein würden, *l* in einer Reihe von Fällen als selbst-
ständiges Determinativ schon in der Grundsprache anzusehen,

---

[1]) Spiegel Altb. Gram. p. 89.

was sich mit der späten Entwicklung dieses Lautes nicht
vereinigen lässt. Wo daher eine Berührung der Wurzeln mit
l mit den *r* enthaltenden erweislich scheint, sollen im Folgenden jedesmal die aus beiden entwickelten Formen unmittelbar
neben einander gestellt werden, damit die verschiedenen auf
beiden Seiten in der Bedeutungsentwicklung eingeschlagenen
Wege durch möglichst nahe Vergleichung selbst der bis auf
r und *l* vollständig gleichen Wörter möglichst anschaulich
werde. 2) Es kann mir nicht in den Sinn kommen, ein
Schwanken der Bedeutungen der unter den Wurzeln mit *l* verzeichneten Formen nach den Bedeutungen, die den Wörtern
mit *r* zukommen, hin, (das Umgekehrte ist bei weitem seltener),
leugnen zu wollen; aber es ist wohl zu beachten, dass jedes indogermanische *r* auf europäischem Boden zu *l* werden kann,
und wenn daher unter den Formen, welche zu den *l* enthaltenden Wurzeln gehören, auf europäischer Seite solche auftreten, die ihrer Bedeutung nach nicht zu der Wurzel mit
indogermanischem *l*, sondern nur zu der mit *r* stimmen, so
beweisen s i e keineswegs das Ineinanderlaufen der Bedeutungen bei den schon vor der Sprachtrennung bestehenden begrifflich getrennten *l*- und *r*-Wurzeln, sondern die Wörter der
europäischen Sprachen, welche ihrer Bedeutung nach zu den
Wurzeln mit indog. *r* stimmen, sind, selbst wenn sie *l* statt
des indog. *r* aufweisen, als völlig identisch mit jenen die
härtere liquida enthaltenden der indogermanischen Periode
zusammenzustellen. Folgende Gleichungen sind demnach fest-
zuhalten

$$\text{indog. } r = \text{europ. } \begin{cases} r \\ l; \end{cases} \text{ indog. } l = \text{europ. } l.$$

3) Die Reihenfolge der anzuführenden Beispiele kann sich
nur nach dem Zwecke, die schon grundsprachliche begriffliche
Trennung von *l* und *r* zu veranschaulichen, richten, ich muss
daher von der alphabetischen Ordnung abweichen, um zuerst
die schlagendsten Beispiele zu geben, und daran die Fälle
weniger scharfer Trennung zu reihen. Die Belege aus dem
Altbaktrischen sollen jedesmal möglichst an's Ende der Uebersichten gerückt werden, damit das Verhältniss dieser Sprache
zu den übrigen deutlicher werde.

1) Deutlich getrennt erscheinen bereits in der indog. Grundsprache 2 Wurzeln *tar* und *tal*. Fick[1]) giebt letzterer die Bedeutungen „schwanken, heben" und sucht in einem *tar*, das noch in *tar-ala* schwankend zitternd, ferner in *tras* zittern, europ. *tram*, dann in *trap* τρέπω hervortrete, die ursprüngliche Form. Aber untersuchen wir die Bedeutungen der unter *tal*[2]) zusammengestellten Wörter, so ergiebt sich, dass sie sämmtlich nicht aus der Bedeutung „schwanken zittern", sondern aus der Bedeutung „gewachsen sein, gleich sein" zu erklären sind. Das ergiebt sich aus der sskr. Form *tulya* „einer Person oder Sache das Gleichgewicht haltend, gleich" (*P. W.*), aus griech. ἀ-τάλ-αντος gleichwiegend, vergleichbar. Während für die Bedeutung „schwanken zittern" nun noch kein grdspr. *tar* nachgewiesen ist, erhalten wir für die Bedeutung „gleich, gewachsen sein, darum tragen, heben (übertragen: „über sich nehmen"); ferner vergleichen, wägen" die unzweifelhaft zu Grunde liegende Wurzel grdspr. *tar*[3]) deren vollständige Bedeutungsentwicklung bis zur Wurzel *tal* schon das Sanskrit giebt, nämlich „über Etwas hingelangen, übersetzen, an's Ziel gelangen, vollführen, die Oberhand bekommen, überwinden." Stellen wir die Formen beider Wurzeln nun zusammen.

tar	*tal*
sskr. *tar-ati* Bedeutung *tir-ati* wie oben,	*tol-ati* aufheben, wägen vergleichen,
gr. ἔ-τορ-ον durchbohren τορεῖν τέρ-ετρον Bohrer, τερ-ηδών Bohrwurm, τρη-τός durchbohrt,	*tulya* einer Person oder Sache das Gleichgewicht haltend, gleich, *tola* sich wiegend schwankend, subst bestimmtes Gewicht,
lat. *ter-o, ter-ebrum* = *ter-ebra* Bohrer, *tar-mit f.* Bohrwurm,	τάλαντον bestimmtes Gewicht,
ksl. *trĕ-ti, lit trìn-ti* reiben feilen,	τάλ-αντ tragend duldend, ἀτάλ-αντος gleichwiegend
got. *thair-ko* Loch Oehr, ·	. vergleichbar,

¹) p. 941. ²) p. 80 vgl. Curtius 207. ³) Fick 78 unter *tar* 1, 2, (3.)

Heymann, das *l* d. indog. Spr.   2

ags. *thir-l n* Loch.
got. *thair-h*
ahd. *dur-h*

τόλμα Kühnheit, τλῆ-ναι dulden,
lat. *tollo* hebe auf, *lātus* getragen,
ksl. *tul-ŭ* u. *pharetra*,
got. *thul-an* tragen
thul-ains Geduld.

Die ursprüngliche Indentität von *tar* und *tal* ist eben so evident, wie ihre durchgreifende begriffliche Trennung von der Grundsprache an. Die Bedeutungen „heben wägen vergleichen" kommen nur der Wurzel *tal* zu. Erst nachträglich sehe ich bei Curtius,[1]) dass Sonne schon einen Versuch gemacht haben soll, jene Wurzeln zu identificiren. Da das Citat bei Curtius irrig ist,[2]) so kann ich Sonnes Ansicht hier nicht prüfen. Dass die beiden Wurzeln nicht identisch sind, behaupte ich für eine spätere Periode mit Curtius, aber nicht der Bedeutung wegen, sondern weil *l* nicht = *r* ist; wohl aber hat sich erst eine Wurzel *tal* aus der Wurzel *tar* entwickelt und dann mit ganz bestimmter Bedeutung von jener in der Grundsprache getrennt.

Es bleibt noch das Verhältniss des Altbaktrischen zu vergleichen übrig. Da ergiebt sich folgende höchst auffallende Beobachtung: altbaktrisch *tar* heisst „übergehen, eindringen, überwinden",[3]) vereinigt also in sich die Bedeutungen der sanskritischen und europäischen Formen von *tar*: „eindringen", wie gr. lat bohren, und „überwinden" wie im sskr. Suchen wir nun die Wurzel *tal* im Altbaktrischen wiederzufinden, so bemühen wir uns vergeblich, *tal* ist im Altbaktrischen, wie die Bedeutung dieser Wurzel zeigt, gar nicht, auch nicht durch *tar* vertreten, und dem grundsprachlichen *tal* in der nur ihm zukommenden Bedeutung „heben tragen wägen" steht nichts im Wege.

Wie mir aber im vorliegenden Falle die gleichmässige Entwicklung einer Wurzel *tal* auf asiatischem wie auf europäischem Boden, verbunden mit der gleichmässigen begrifflichen Differenzirung dieser Wurzel von *tar* auf beiden Seiten, die

---

[1]) 208. [2]) Zs. 9, 464 steht das Register, nicht Sonnes Untersuchung.
[3]) Justi 132.

grundsprachliche Existenz von *tal* zu beweisen scheint, so
glaube ich auch in einem weiteren Falle, wo der lautlichen
Trennung eine begriffliche nicht zur Seite steht, wie eben,
gewisse Formen mit *l* dennoch der Grundsprache zuschreiben
zu dürfen. Aus der Wurzel *tar* haben sich nämlich, sowohl
in ihrer ursprünglichen Gestalt, als auch von der Form *tal,*
die aber von dem oben besprochenen *tal* als einer schon in
der Grundsprache von *tar* vollkommen getrennten Wurzel
wohl zu unterscheiden ist, bestimmte Wortkategorien gebildet,
die eben, weil sie bei gleicher wurzelhafter liquida in den
verschiedenen Sprachen auch ganz dieselbe Sache bezeichnen,
als grundsprachlich angesehen werden dürfen. Wie also von
tar die grundsprachlichen Bildungen *tarana* zart weich, *tarans*
„durch, quer, hinüber" [1]) abzuleiten sind, so gehören zu dieser
Wurzel auch folgende Bildungen, welche die Bedeutung Fläche,
Grund, Boden haben:

sskr. *tala* m. n. Fläche Boden [2]), auch in Zusammensetzungen
wie *pâni-tala* Handfläche, *pâda-tala* Fussfläche, gr. τηλία
Fläche Brett, lat. *sub-tel* n. Fussfläche (bei Priscian),
tell-ûs Erdfläche Erdboden, ksl. *tlo* n. Grund Boden, *tlja*
f. Grundlage Basis, lit. *tilė (=tilja)* „Brett, das man auf
den Boden eines Kahnes legt", an. *thilja* ahd. *dillâ* ags.
thel st. n. Diele, *benc-thel* getäfelter Raum, wo Bänke
stehen. [3]) (Heyne.)

---

[1]) Fick 78. [2]) Von *tar (tṛ)* Benfey Glossar z. Chrest. Die Zusammenstellung
bei Fick 80 und 365. In diesem, wie in vielen andern Fällen kann ich
daher unmöglich mit dem übereinstimmen, was Fick in seinem Werke
„Die ehemalige Spracheinheit der Indogermanen Europas" p. 203 bemerkt,
dass in jedem primitiven Sprachzustande alle Ableitungen selbsverständ-
lich sich an die Gestalt des Mutterwortes anschliessen, wenn wie es a.
a. O. geschieht, diese Bemerkung auf den Zustand der Grundsprache
unmittelbar vor der Sprachtrennung angewendet wird; denn in jener
schon hochcultivirten Gestalt der Sprache im Gegensatz zu der frühest
erreichbaren Periode lassen sich schon eine Menge der berührten Ab-
weichungen zwischen Wurzel und verschiedenen Ableitungen constatiren.
Vgl. unten Nr. 32.

[3]) Der oben p. 16 gemachten Vorbemerkung wegen erwähne ich
hier z. B. das griech. τέλος, das nun nicht etwa seines *l* wegen als Be-
weis gegen die begriffliche Trennung von *tar* und *tal* zu letzterem gehört, sondern trotz seines *l* als völlig identisch mit sskr. *taras* zu *tar*

2) Aus der Wurzel *kar* machen, die soweit ich sehen kann, nirgends *l* entwickelt hat[1]) sind durch das Determinativ *p*, das als causalbildendes Element anzusehen ist,[2]) zwei neue Wurzeln gebildet, lautlich differenzirt als *karp* und *kalp*, jenes wohl nur noch in Nominalbildungen „Körper" bedeutend bewahrt, also nicht wesentlich verschieden von *kar*, wogegen *kalp* die ganz bestimmte Bedeutung „helfen" angenommen hat. Also

karp etwa machen bilden

sskr. *krp* f. nur instr. schönes Aussehen, Schönheit, Schein[3]) (nur aus den Veden belegt),

lat. *corpus*,

ahd. *href ref*,

mhd. *ref* gen. *reffes*,

alts. *rif* ags. *hrif* venter uterus[4])

altb. *kehrp* Leib (ist fem., nom. *kerefs)* Körper Fleisch, *kerefs - qara* fleischfressend.

kalp helfen,

sskr. *klp. (kalp)* in rechter Ordnung sein, gelingen, sich fügen zu Etwas, die-nen zu, veranlassen u. s. w.,

sskr. *caus kalpayati* in Ordnung bringen, zubereiten, Jemand zu Etwas verhelfen u. s. w.

kalpa was sich machen lässt, möglich; zu Etwas fähig, m. Art und Weise,

lat. *culpa* Veranlassung, Schuld,

lit. *szèlpiù szelp-ti,* helfen[5])

gestellt werden muss. Dagegen gehört wieder τέλος in der Bedeutung Abgabe zu Wurzel *tal,* wie bereits Curtius 208 bemerkt. [1]) Siehe die Zusammenstellungen bei Fick p. 203 unter 3 *skar* und bei Curtius 147. [2]) Vgl. Benfey G. W. L. 2,171, mit dem ich jedoch in der Identificirung. beider Wurzeln nicht übereinstimmen kann. [3]) Dass dies Wort wirklich von *kar* herzuleiten sei, spricht auch Benfey aus. Vgl. Sama-Veda-Glossar, wo folgende Herleitung gegeben wird: Machung, das Gemachte, Form, Körper, schöne Form (wie wir auch sagen Etwas hat Form, d. h. „schöne Form") Glanz. [4]) Dieffenbach Vgl. Wtb. d. got. Spr. giebt noch mancherlei Vergleiche auch aus dem Slavischen und Keltischen (z. B. gdh. *corp* u. s. w. = *corpus*) 2,588/9, über die ich nicht zu entscheiden wage, deren Auslaut aber nicht zu Obigem stimmt.

[5]) Wenn es sich bestätigt, dass lit. *sz* stets = sskr. ç = grdsp. k, ssk. *k* in *kalp* als aus *sk.* entstanden aber nur = grdsp. *k* sein kann, das nie = lit. *sz.*, wie ich aus dem ersten Theile von Ficks genannter Abhandlung ersehe, so wären die angeführten litauischen Formen zu streichen; aber sie stimmen im Uebrigen so schlagend nach Form und

got. *hilpan* helfen,
ahd. *hilf-a hulf-a* f. Hilfe
helfan helfen,
ags. alts. *helpan.*

Die begriffliche Trennung der beiden Wurzeln ist deutlich, wenn auch im Sanskrit die Bedeutung helfen erst allmählig hervortritt; aber diese wird durch die Uebereinstimmung der verwandten Sprachen als grundsprachlich gesichert und kommt nur der Wurzel *kalp,* nicht *karp* zu.

Aus dem Albaktrischen sind die entsprechenden Formen zu *karp* bereits verzeichnet. Zu der ältern Bedeutung von *kalp,* sich fügen, scheint sich auf den ersten Blick eine Entsprechung zu finden in *karep,* dass von Justi [1]) mit der Bedeutung „sich fügen richtig sein" angeführt, aber unbelegt ist. Wahrscheinlich ist es nur aus Ableitungen erschlossen (?), und dann gehört es nicht zu *kalp,* sondern zu *karp,* wie Folgendes zeigt. Justi stellt dazu [2]) als part. perf. pass. *kerepta,* übersetzt dies aber [3]) durch „gestaltet gebildet", *hukerepta* heisst ferner „schön geformt", [4]) und so leidet es wohl keinen Zweifel, dass das Altbaktrische nur Entsprechungen zu indog. *karp,* nicht zu *kalp* bewahrt habe.

3) Von der Wurzel *pru,* die nur im Allgemeinen eine schnelle Bewegung „gehen flattern springen" bezeichnet, hat sich, wie das Zeugniss der europäischen Sprachen und des Sanskrit zeigt, mit der ganz bestimmten Beziehung auf die Bewegung des Wassers eine Wurzel *plu* abgetrennt, die vor der Sprachtrennung lautlich und begrifflich nicht mehr mit jener identisch ist. Curtius macht darauf aufmerksam, [5]) dass *plu* in vier Hauptunterschieden die Bewegung des Wassers und im Wasser bezeichnet 1) schwimmen (schwemmen waschen), 2) schiffen, 3) fliessen, 4) regnen. Fast alle diese Bedeutungen finden sich im Sanskrit. Wenn daher in dieser Sprache *plu* vereinzelt auch die Bedeutung springen erhält, so ist das

---

Bedeutung zu den Wörtern unter *kalp,* dass man geneigt wäre, sie als Ausnahme zu behandeln. Vgl. Ascoli, vgl. Lautlehre, der das Gegenüberstehen von ar. *k* und lit.-slaw. Zischlaut kaum zugiebt, übrigens hier sshr. *çilpa* Kunst vergleicht, p. 46 Note 12. [1]) p. 80. [2]) p. 80. [3]) p. 84. [4]) Justi 326, es ist = *hukehrp.* [5]) p. 262.

jedenfalls spätere Uebertragung, und das Petersburger Wörterbuch bemerkt ausdrücklich, dass für diese Bedeutung *pru*
ursprünglicher sei.

pru sich bewegen, springen [1])

sskr. *prav-ate* nur: springen,
auch mit praepp, *prava*
flatternd schwebend,

altb. *fru* gehen, caus. gehen
machen, wegbringen,
fraota getrieben,

an. *frâr* hurtig schnell,

as. *frāh* froh, *frāh-mōd* =
frō-mod [2]) frohgemuth,

ags. *freá* ahd. *frao frô.* [3])

plu schwimmen schwem-
men,

plav- ate schwimmen,
caus schwimmen machen
spülen waschen,

gr. πλύνω wasche, πλυτός
= ss. *pluta* gebadet,
begossen, πλύσις =
ss. *pluti,* πλέϝει πλεύ-
σομαι schiffen schwim-
men, πλόϝος = ss. *plava*
jenes „Schwimmen" die-
ses „Nachen Schwimmen
Fluth,"

altl. *perplovere* durchfliessen
lassen, leck sein, *pluit*
regnen,

ksl. *plovą plovją* inf. *pluti* πλέω,
lit. *plaúju plauti* schwimmen,
ags. *flovan* fliessen, got. *flōdus*
Fluss, ahd. *flaw-jan flaw-
ên,* mhd. *vlouwen vlöu-
wen,* spülen waschen. [4])

Die germanischen Formen mit *r* sind vielleicht des *h*
wegen schon Weiterbildungen.

Wieder können die altbaktrischen Formen nichts gegen
eine Wurzel indog. *plu* beweisen, da das Altbaktrische mit
dieser Form auch die Bedeutungen derselben, soweit bei Justi
zu übersehen ist, eingebüsst hat.

4) *rangh* springen ist bisher immer mit *langh* identificirt
worden, obgleich beide Wurzeln sich sehr deutlich von einander
trennen. Die älteste Form der Wurzel ist *argh,* sowie über-

---

[1]) Wurzel *pru* fehlt bei Curtius und Fick (Abth. 1 und 2). [2]) Siehe
Heyne Glossar zum Heliand. [3]) Nach Fick p. 801. [4]) Zusammenstellungen zu *plu* bei Curtius 262 Fick 130.

haupt alle mit *r* anlautenden Wurzeln auf solche, in denen *r* dem Vocal folgt, zurückzuführen sind. Das Griechische hat, wie in sehr vielen Fällen, auch in der Wurzel mit jüngerem *l* die ursprüngliche Stellung bewahrt, das anlautende *ε* in *ἐλέγχω* ist nicht prothetisch, wie Curtius[1]) annimmt, ebenso wenig wie in *ἐλαχύς* trotz sskr. *laghu,* die allerdings Curtius von *langh ἐλέγχω* trennt, aber mit Unrecht. Die ursprüngliche Bedeutung von *argh* = *ragh* ist „sich heftig bewegen" speciell „springen", woraus dann, wie das Sanskrit zeigt, durch die Bedeutung „überspringen" einerseits die Bedeutung „übertreten verletzen, beleidigen" andrerseits „über Etwas hinwegsetzen, in nominibus die Bedeutung „was zu überspringen, zu überwinden, leicht, geringfügig ist", hervorgeht. Folgendes gehört demnach hierher:

argh[2]) = *ragh*

sskr. *ṛgh-āyati* beben vor Leidenschaft, toben, rasen.

gr. *ὀρχέει* heftig bewegen, erregen, reizen, *ὀρχέεται* sich heftig bewegen, tanzen.

sskr. *raṅgh-ate* eilen rennen, *raṁh-ate* rennen, intens. *rārah-āṇa* eilig, *raṅgh-as raṁhas rahas* n. Eile, hierher der Bedeutung wegen altir. *lingim* salio ags. *lungre* rasch, mhd. *lingen* vorwärts gehen, ahd. *lingiso* das Gelingen, ksl. *lĭz-a* f. Nutzen, [3]) gr. *λαγώς,* [4])

(a)-langh.

laṅgh-ati springen auf, caus. *laṅgh-ayati* springen überschreiten, besteigen, übertreten, misshandeln, übertreffen. *laṅghana* das Hinüberspringen, (Bespringen, concubitus)[5]) Beleidigung. *(P. W.)* *laṅgh-aka* Beleidiger *laṅgh-anīya* worüber man hinwegsetzen, an dem man sich vergehen darf u. s. w.

gr. *ἐλέγχω* schmähen überführen, *ἔλεγχος* Schmach.

Ags. *leahan* tadeln, das Benfey[6]) hierherzieht, wage ich der Lautverschiebung wegen nicht zu vergleichen; wenn es

---

[1]) p. 181. [2]) Fick p. 15. [3]) Fick p. 164. [4]) Benfey G. W. L. 2, 27.
[5]) Benfey Glossar. zur Chrestomathie. [6]) G. W. L. 2, 26; ich möchte es zu europ. *lak* (cfr. Fick unter *rak* p. 388) stellen.

hierher gehörte, würde es noch deutlicher zeigen, dass die zu *rangh* gestellten europäischen Formen mit *l* nichts mit den der Bedeutung nach zu *langh* gehörenden trotz der gleichen liquida zu thun haben. Lat. *arguo* dagegen macht keine Schwierigkeiten mehr; da es zunächst „deutlich zeigen" heisst, so hat es Fick[1]) gewiss mit Recht zu Wurzel *arg* hell sein gestellt.

Das Altbaktrische hat zu der Wurzel *argh* sowohl als zu *ragh* Entsprechungen bewahrt in dem part. praes. *ereghañt*, arg, böse[2]), eigentlich „zitternd, bebend" zu *areg*.[3]) (Das Petersb. Wtb. bemerkt, dass nach Grimm das deutsche „arg" ebenfalls in der ältesten Zeit vorzugsweise *timidus avarus* bedeutet, es würde also auch hierher gehören) ferner in *reñj-aiti* aufspringen, leicht sein[4]), *rag*, springen, letzteres unbelegt.[5]) Die Bedeutungen: überspringen, beleidigen fehlen im Altbaktrischen, *langh* bleibt also unangefochten.

Schwieriger ist es, über die Wörter, welche „leicht" bedeuten, zu entscheiden. Es sind folgende sskr. *raghu*, rennend, Renner; leicht, wandelbar (Letzteres nur an einer Stelle im *ṚV* 8, 33, 17); *laghu*, leicht, geringfügig; altb. *reñjya*, leicht, vgl. *reñjaṭaçpa*, leichte Rosse habend,[6]) von *reñj*, rennen, gr. ἐλαχύς, leicht, gering, lat. *levis*, lit. *lengvas*, leicht, ksl. *lĭgŭ* in *lĭgŭ-kŭ*, leicht, *lĭgota* f. Leichtigkeit, = sskr. *laghutā*, Leichtigkeit. [7]) Da die Bedeutung „leicht" sich je nach der Anschauung ebensogut aus der Bedeutung „rennen" (altb. *reñj* „aufspringen, leicht sein") wie aus der Bedeutung „überspringen" (was zu überspringen, „leicht" ist) entwickeln kann, so kann die altb. Bildung *reñjya*, bei der zu beachten ist, dass sie durch das Suffix *ya* von sämmtlichen andern Sprachen getrennt ist, und sich als speciell altbaktrische Bildung erweist, unmöglich Anstoss gegen die oben durchgeführte Trennung erregen.[8]) Aehnlich wie das Altbaktrische dürfte auch sskr. *raghu* zu erklären sein, bei der Beziehung der Bedeutung „leicht" zu beiden oben angeführten Wurzeln konnte das ältere Sanskrit, dessen Vorliebe

---

[1]) p. 15. [2]) Justi 72. [3]) Justi 29 [4]) Justi 215, vgl. Fick 303. [5]) Justi 251. [6]) Justi 257. [7]) Fick 164. [8]) Aehnlich hat das Altb. eine Neubildung geschaffen in dem bei *gar* zu erwähnenden *garañh* Kehle.

für das *r* oft genug betont ist, jene Form wählen, ohne dass
das *l* in grundsprachlich *laghu* in *r* rückverwandelt zu sein
braucht; jedenfalls kann, da das Altbaktrische seinen eignen
Weg gegangen ist, die Zumuthung, an eine unabhängige Entstehung von *laghu* im sskr. und den europäischen Sprachen
zu glauben, durch nichts begründet werden.

5) Die Wurzeln *rap* und *lap* sind schon in der Grundsprache zu unterscheiden. Eine begriffliche Trennung ist wohl
zu erkennen, doch mag ich, bis besonders *rap* besser belegt
ist, nicht allzugrosses Gewicht darauf legen. *rap* heisst seiner
Herleitung aus *ar* gemäss [1]) ganz allgemein tönen (murmeln,
auch tadelnd reden?), die Bedeutung klagen kommt nur *lap* zu.

rap	*lap*
sskr. *rap-ati,* schwatzen, flü-	*lap-ati,* schwatzen, flü-
stern.	stern, j a m m e r n.
pra-rap, schwatzen.	*pra-lap,* jammern.
ksl. *rйp-й-tй* m., Gemurr,	*vi-lap,* jammern.
Getön.	*lap-ita* n. Geschwätz.
rйp-йtati, murmurare.	*vilapita* n. Jammmern.
Hierher darf man vielleicht	*lapana* n. Mund.
folgende germ. Formen ziehen:	gr. ὀλόφ-νς, Jammern.
an. *refsa (= rafsja) refsta,*	ὀλοφυδνός, jämmerlich.
strafen, züchtigen.	ὀλοφύρω, jammern.
as. *respian,* strafen, züchtigen.	lat. *lā-mentum*
ahd. *refsan,* mhd. *refsen, repsen*	(für *lap-mentum*) [3])
(*rafste* praet.)	*lāmentari.*
mit W o r t e n strafen,	Hierher muss noch
tadeln, züchtigen.	ksl. *lйpйtй,* strepitus [4])
an. *refsing* f. Strafe.	gestellt werden, man
ahd. *rafsunga,* mhd. *refs-unge*	braucht also nicht sskr.
st. f. Tadel, Züchtigung.	*lapita* mit
ahd. *rafslicho* mhd. *rafsliche*	ksl. *rйpйtй* (sskr. *l* gegen
adv. in tadelnder	ksl. *r* Fick 165) zu-
Weise; [2])	sammenzustellen. [5])

---

[1]) Fick 1023. [2]) Vgl. Fick 842. [3]) Damit sind Corssens Bedenken
Beitr. p. 2 gegen das lange *a* erledigt. [4]) Miklosich Lexicon p. 347.
[5]) lat. *loqui* sowie die griech. und slav. Formen mit *k*, welche Curtius
151 anführt, müssen von *rap lap* getrennt werden und sind zu europ.
rak lak zu stellen.

die Bedeutung strafen hätte sich darnach erst aus der Bedeutung tadeln entwickelt.

Das Altbaktrische widerspricht der Existenz von *lap* vor der Sprachtrennung nicht, da, soweit ich sehen kann, die Entsprechungen zu *rap* und *lap* dort fehlen.

6) Vielleicht das deutlichste Beispiel einer durchgeführten Trennung der liquidae auch in begrifflicher Beziehung bilden die Wurzeln *rabh* und *labh*, älter *arbh* und *albh*. Das Material haben zum grossen Theil bereits Curtius[1]) und Fick[2]) zusammengestellt, nur nicht nach den liquidis getrennt. Die ursprüngliche Stellung der liquidae zeigt sich in

arbh, etwa „arbeiten“.	*albh*, erwerben, besitzen.
sskr. nur *ṛbhu*,[3]) anstellig, geschickt.	nur in
ṛbhumat, anstellig.	gr. ἀλφάνω, einbringen, erwerben.
got. *arb-aithi* ⎫	ἀλφή, Gewinn.
ags. *earf-odh* ⎬ Arbeit.	ὄλβος, Besitz.
ahd. *arabeit.* ⎭	

Viel reicher belegt sind die jüngern Formen

rabh	*labh*
ssk. *rabh*, fast nur mit praepp.: fassen.	*labhate*, erwischen, erfassen, antreffen, finden,
ā-rabh, anfassen = beginnen.	erhalten, bekommen, besitzen, haben.
sam-rabh, anpacken, *med.* (erfasst werden) aufgeregt werden.	*lambha* m. das Finden, Erlangen, Wiedererlangung.
sam-rabdha, wüthend.	*lambhana*, dass.
rabhas, Ungestüm.	*lābha* das Finden, Antreffen, Bekommen, Gewinn, Vortheil.
instr. *rabhasā* adv. leidenschaftlich.	
rabhasa, ungestüm, von stechender Farbe.	gr. λάφ-υϱον n. Gewinn, Beute.

---

[1]) p. 274. [2]) p. 166. [3]) Dass ṛ = *ar* ist, zeigen die verwandten Sprachen. Ludwig bemerkt in seiner neuesten Abhdlg „Agglutination oder Adaptation“, dass es nie Position macht (p. 17), daher = *iri*, nicht *ri* sei (richtiger wohl *ir?*).

lat. *rabio rabere*, wüthen.
rabies, Wuth.
rabula, der tobend und schreiend eine Sache vertritt.
rabiosus, wüthend.
(*rôbur* gehört aber nicht hierher.[1])
böhm. *rob-iti* laborare.
ksl. *rab-ŭ robŭ* servus, *rabota* Arbeit.

$\lambda\alpha\mu\beta\acute{\alpha}\nu\omega$,[2]) nehmen.
$\lambda\alpha\beta\acute{\eta}$, Griff, Handhabe.
$\lambda\acute{\alpha}\beta\varrho\varsigma$, ungestüm, gierig.
lit. *lab-as*, gut.
sbst. Gut.
lob-is, Besitz, Habe.

Gewiss ist *labh (albh)* aus *rabh (arbh)* hervorgegangen; aber ein Uebergreifen der Bedeutungen ist kaum noch nachweisbar. Ueberblicken wir Alles, was zu jeder von beiden Wurzeln gehört, so können wir uns unmöglich der Einsicht verschliessen, dass seit der Entstehung von *labh* in der Grundsprache das Bewusstsein der Trennung beider Wurzeln wach blieb. Die Bedeutungen trennen sich so: *arbh rabh* heisst nur anfassen, d. i.

1) unternehmen, arbeiten, adj. (zur Arbeit) geschickt, beginnen.

2) erfasst werden, d. h. aufgeregt, wüthend werden.[3])

albh labh dagegen heisst: erfassen d. i. 1) erlangen, erhalten. 2) besitzen.

Eine Ausnahme macht nur lat. *lăbor*, welches die Bedeutung der Wurzel *rabh* zeigt und darum eben auch unter diese gestellt werden muss, gr. $\lambda\acute{\alpha}\beta\varrho\varsigma$, gierig, ungestüm, heftig kann dagegen ebensogut[4]) von dem mit dieser Wurzel zusammenhängenden *lab* lecken (vgl. *ligurio*, lüstern sein, allerdings Desiderativum) abgeleitet werden. Das Material zu der gegebenen Uebersicht lässt sich jedenfalls noch erweitern,

---

[1]) Siehe Fick 166. Kuhn stellt es gewiss mit Recht zu sskr. *rádhas* gr. $\acute{\varrho}\acute{\omega}\nu\nu\nu\mu\iota$ für *$\acute{\varrho}\omega\vartheta\nu\mu\iota$ Zs. 6,300, vgl. Benfey G. W. L. 1,76; 2,338. [2]) Das φ in den griech. Wörtern ist der ältere Laut, β daraus zunächst durch Einfluss des Nasals entstanden. Curtius 483. [3]) So Fick 166 und Petersb. Wtb. unter *sam rabh* im med. Oder kann man ableiten „anfassen = begehren, leidenschaftlich verlangen, wüthen?" [4]) mit Lottner Zs. 7, 185.

bei dem bis jetzt vorliegenden ist sicher kein Durcheinander-
werfen der Formen zulässig.

Im Altbaktrischen findet sich nichts, was den behandelten Wurzeln entspräche.

7) Zu trennen sind ferner der Bedeutung nach die bisher
identifizirten Wurzeln *ri* und *li*, wie die verschiedene Verwendung derselben in den Einzelsprachen zeigt, obwohl schwer
anzugeben ist, welche einheitliche Bedeutung sich durch die
beiderseitige Entwicklungsreihe hindurchziehe.   Stellen wir
sie zunächst zusammen.

ri [1])	*li*
ssk. *riyáti, rináti, ríyate,* frei lassen, laufen lassen (das Wasser), losmachen, abtrennen.	*liyate,* sich anschmiegen, stecken bleiben, stocken; sich anheften = sich setzen, schlüpfen in, verschwinden.
med. sich auflösen, in Stücke gehn.	
rina, fliessend.	*praliʻ,*aufgehen in,sterben. *lina,*steckend in,verborgen in n. das Sichanschmiegen, Verstecktsein. [2])
vi ri u. s. w., zertrennen.	*vi li,* zergehen, sich auflösen, schmelzen.
sam ri, zusammenfügen (zusammenspülen.)	*sam li,* sich anschmiegen, hineingehen in, sich ducken, kauern.
riti f Strom, Lauf, Strich, Linie, Lauf der Dinge = Art und Weise. (P. W.) lat. *ritus.*	lat. *lino, linere, linio, linire,* beschmieren, betünchen, *litera,* Buchst.
renu m. Staub, *retas* n. Guss, Strom, *retra* dass.	*limus,* Schlamm.
raya m. Strömung.	*litus (ūs)* das Beschmieren.
lat. *ritus,* Art und Weise, *rivus,* Bach.	*letum,* Auflösung, Tod. *litus,* Ufer. *limen,* Schwelle.
Hierher gehören wohl wie skr. *riti,* Strich, Linie.	Hierher ferner an. *lim* n Mörtel.

---

[1]) Fick 169. [2]) Also nicht = *rina,* wie Fick annimmt.

ahd. *rîm* m. Reihe, Reihenfolge.
an. *rîm*, Kalender, Vers.
rīmr f. amnisEgilsson lexicon poeticum Norr. 663.
mhd. *rîm*, Vers, Reim, von
denen dann freilich ἀρ-ι-
θμός ἀρ-ιθμέω¹) zu tren-

ags. *lîm*, Leim.
ahd. *lîm*, mhd. *lîm*, Leim,
Vogelleim,
as. *lêmo*, leime.

¹) So trennt Curtius 317 gewiss richtig, während Fick 389 ἀ-ρι-θμός schreibt, obgleich auch er *ar* fügen zu Grunde legt. Die ahd. Nebenform *hrîm* Graff 2,506 könnte allerdings die Zugehörigkeit der germanischen Formen zu *ri* zweifelhaft machen; aber in diesem Falle scheint die Frage, ob das *h* nicht geradezu später eingedrungen, einer ernstlichen Erwägung zu bedürfen. Nach Heyne Gram. der altgerm. Dialekte p. 102, 111, 118, 129, 141 sind in allen germanischen Sprachen in älterer Zeit Formen mit anlautendem *h* vor *l, n, r, v,* streng geschieden von solchen ohne *h*. Erst in späterer Zeit fällt das *h* im Ahd, in den kleinern altniedd. Denkmälern, im Ags. und Altn. germ. ab. Folgende Uebersicht macht aber einen solchen Abfall in den fraglichen germanischen Wörtern unwahrscheinlich.

ahd. *rîm* (neben *hrîm*)	alts. *rîm* Zahl Heyne	ags. *rîm* Reihe Zahl
Zahl Vers,	Hel. 287	in *däg-rîm, unrim*
garîmjan zählen	*unrim* Unzahl Hey-	*dôgor-gerim, gerî*
cfarrîmjan gari-	ne 341.	*man* zusammenzäh-
man. Graff 2, 506.		len, *ford-gerîmed*
		in fortlaufender
		Reihe Heyne Glos-
		sar zum Beowulf.

altfr. *rim* Reim Erzählung Richthofen Wtb. 994.

altn. *rîm* Kalender *rîma* pl.*rîmur* Dichtungsart Moebius an. Glossar 347.

Dagegen bedeuten die mit *h* anlautenden Formen *hrîm* u. s. w. überall Reif, ags. *hriman* schreien Bosworth A Dictionary of the Anglo Saxon Language p. 38 b, wofür Beowulf (Heyne 191) *hrinan* hat. Unter den vielen zu *ri* gehörenden Formen im Ags. führt Bosworth auch *hriman to number* auf. Aber nach den eben verzeichneten zahlreichen übereinstimmenden Formen aller germanischen Sprachen muss *rîm* (ohne *h*) schon gemeinsam germanisch sein, es ist also bei der oben betonten genauen Schreibweise nicht an Abfall eines etwa vorhanden gewesenen *h* zu denken, und die einzelne Form *hrîm* im Ahd., dessen Consonantismus nicht einmal gegen die auf älterer Stufe stehenden niederdeutschen Dialekte zeugen kann, sowie das einzelne

nen ist. So sind viel-
leicht auch die altir. Formen
rimi, rechnen, zählen, *ad-
rimi*, dass., *do-rimi*, erzählen,
rimaire m. Rechner, aus der
Grdbdtg. eine Reihe machen,
reihen zu erklären.

ahd. *leimo*, Lehm, Erde,
Schlamm.[1])

got. *li-thus*, Glied, das Curtius[2]) zu *ar* fügen, Fick[3]) zu *li-
than* „sich abtrennen" stellt, möchte ich, im Grunde mit Fick
übereinstimmend, unmittelbar von *li* sich anschmiegen (vgl.
oben die Entwicklung im Sanskrit) ableiten, (nicht von *ri*).

Ein Ineinanderfliessen der Bedeutungen der Formen mit
r und *l* ist aufs Entschiedenste zu leugnen. Je weiter man
zurückgeht, desto entschiedener ist die Trennung. Den Be-
deutungsunterschied in zwei Worte zu fassen, ist mir natürlich unmöglich. Er ist aber so auffallend, dass auf beiden
Seiten sogar Gegensätze entstehen. Man vergleiche: *ri*, fliessen,
li das Gegentheil: „haften = kleben", so *rina*, fliessend,
lina, stecken bleibend. *ri* zeigt überall den Grundbegriff
der Bewegung, *li* den des Aufgelöstseins, aber dann des An-
haftens, Klebens, woraus die Bedeutungen „Ufer, Schwelle",
ferner „Schlamm", wieder anders „Sterben, Tod" (sskr. *pra
li*, lat. *letum*) vollständig klar werden, und die getrennte
Entwicklung wiederholt sich an beiden Wurzeln auf asiatischer
und europäischer Seite. Wenn wir nun gegen Altbaktrisch
raêtu, Flüssigkeit got. *leithus*, Obstwein, lit. *ly-tus*, Regen
finden, so scheint es mir 'hier nicht nöthig, eine Identificirung
vorzunehmen[4]). *raêtu* gehört sicher zu *ri* fliessen, got. *leithus*
aber erklärt sich aus *li*, wenn wir folgende slav. Formen be-
rücksichtigen: lit. *lĕju*, *lĕ-ti*, giessen, giessend bilden, formen
wird ganz speciell vom Hervorbringen bestimmter Formen
durch den Guss gesagt, passt also zu den angegebenen Bedeutungen von *li*; *lĕjikas* m. heisst Giesser, *laistan*, *lai-stýti*

---

ags. *hriman* zählen gegen die Belege aus dem Beowulf ohne *h* sind also
wohl aus später eintretender Verwirrung bei dem zunehmden Abfall
des alten *h* zu erklären. Die Entscheidung muss hier den Germanisten
überlassen bleiben.

[1]) Vgl. Fick 859.   [2]) a. a. O.   [3]) p. 858.   [4]) Vgl. Fick 174.

oft giessen, begiessen, bewerfen, betünchen (wie lat. *lino*);
lëmû m. Wuchs passt noch deutlicher, und so mag got. *leithus*
vom Zusammengiessen der Bestandtheile, nicht vom „Fliessen"
benannt sein. Aber ich lege hierauf keinen Werth, in den
jüngsten Perioden der Sprache kann, durch die Aehnlichkeit
der Formen und Bedeutungen beider Wurzeln veranlasst,
wohl eine Berührung stattgefunden haben, und daraus muss
auch lit. *lyja, lyti*, regnen, *ly-tus*, Regen, ksl. *lĕ-ja, lijati*,
giessen, erklärt werden.

Zu erledigen bleibt noch altb. *iri ri*, beschmutzen[1]),
das allerdings die nur für *li* nachgewiesenen Bedeutungen
hat, aber so gut wie *li* ursprünglich identisch mit *ri* war,
auch für sich auf dieses zurückgeführt werden muss und die
daneben hergehende r e i c h e r e Entwicklung der übrigen
Sprachen in der doppelten liquida nicht alterirt.

8) Die Wurzeln *ruk* und *luk* sind ganz gewiss, nachdem
sie einmal lautlich von einander getrennt waren, schon in der
Grundsprache auch begrifflich verschieden gewesen; denn einmal heisst *ruk* und seine Fortbildung *ruksh* im sskr. und
altb., wo sie allein in dieser Form noch überliefert sind,
nur leuchten, nicht sehen, während jene Bedeutung noch einmal hervortritt in locana, das beides zugleich bedeutet, wogegen die Bedeutung sehen nur auf *luk* beschränkt ist; zwei-
tens aber müssen die europäischen Formen, bei denen auch
das ursprünglichere *ruk* in *luk* übergegangen ist, nach ihrer
Bedeutung wieder in zwei Gruppen zerlegt werden, deren
eine, welche vorzugsweise die verstärkte Wurzel wie sskr.
lok festgehalten hat, durch die dazu stimmende Bedeutung
die angenommene Trennung ebenfalls bestätigt. Demnach
sind die Formen folgendermassen zu ordnen.

ruk	*luk*
sskr. *roc ate*, scheinen, leuchten lassen, med. scheinen, leuchten.	*lok ate*, erblicken, gewahr werden.
rukma m Goldschmuck n. Gold.	caus. *lokaya* dass. loc. *locate*, caus. *locaya*, betrachten, erwägen.

---

[1]) Justi p. 56 vgl. noch *gãthrōrayañt* die Gesänge befleckend p. 104.

ruc ruci f. Helle, Licht.
ruc-ira, glänzendhell.
viroka m. das Erglänzen,
Leuchten.
virokin, leuchtend,
rocana Licht n. Aether.
rocis n Glanz.
virocana, erleuchtend,
Sonne, Mond, ²Feuer,
gr. λύχ-νος m, Leuchte.
λύγδος m weisser Marmor.
λύγδη, · Weisspappel.
λευκός, licht, weiss.
lat. *lucerna lucescere lûmen*
(für *lucmen*), (*lucna*
lûna siehe *luks*) *lûx*
altl. *loux,* Licht, *lûcere,*
leuchten u. s. w.
got. *liuh-atha* n. Licht.
as. *lioht,* ags. *leóht.*
ahd. *lioht* mhd. *licht.*
ksl. *lu-na* f. Mond.
luča f. Strahl, Mond.[1]
lit. *laúkas, laúkis,* v. Rindern
und Pferden mit weisser
Stirn gesagt.

λευκ λεύσσει, sehen,
schauen,
viloka m. Blick,
vilokin, hinsehend, blik-
kend.
locana erleuchtend, n.
Auge.
vilocana, sehen machend,
oder sehend; Auge.
lit. *luk-éti, lúk-urti, láukiu,*
laúkti, warten, harren
= aussehen nach).
lett. *lûk ót,* sehen, schauen.
lûks, Korn an der Flinte
Curtius[2] vergleicht noch
ahd. *luog-êm,* sehn.

Das Sanskrit, welches allein beide Formen aufweist,
trennt sie durchgehends, *locana,* sehend, ist gut bezeugt, für
die Bedeutung leuchtend nur noch an einer Stelle[3]) und beweist nur, dass die lautliche Trennung der begrifflichen vor-
anging.

Das Altbaktrische scheint mir geradezu beweisend für
die Existenz des grundsprachlichen *luk;* denn wieder hat es
eine Menge Formen entwickelt, welche auf grundsprachliches

---

[1]) Siehe die Zusammenstellung bei Fick 170 vgl. 176. [2]) 152.
[3]) Ebenso *vilocana* in der Bedeutung sehen machend nur *Harivaṁça*
14943, vgl. d. Petersb. Wtb., sonst überall Auge.

ruk zurückzuführen sind, aber eine Spur der Bedeutungen
von *luk* finde ich nicht. Demnach muss schon zur Zeit der
Sprachtrennung nur *luk*, nicht *ruk* die Bedeutung sehen ge-
habt haben, das Altbaktrische scheint jenes verschmäht und
irgend eine andere Bildung an seine Stelle gesetzt zu haben.
Die altbaktrischen Formen aus grundsprachlichem *ruk* sind
folgende: *ruc*, leuchten, *raocanh* n. Glanz, *raocanha*, leuchtend,
raocana n. Tageshelle = sskr. *rocana*, leuchtend (das nie
Auge heisst, sondern in dieser Bedeutung durch *locana* ersetzt wird), *raocahina*, hell, *raocinavañṭ*, glänzend[1]) cet.

In derselben Weise wie oben *ruk* hat sich auch dessen
Weiterbildung *ruks*, leuchten, gestaltet, dem wiederum im
Europäischen nur *l* entspricht, ssk. *ruksha*, glänzend, strah-
lend, altb. *rukhsh*, leuchten, *raokhshna*, glänzend, m. Glanz,
raokhshni, glänzend, *raokshnu* m. Glanz[2]) lat. *inlustris* für *in-
luxtris*[3]), altpreuss. *laux-nos* pl. f. Gestirne, hieher lat. *lūna*[4]),
weiter ags *lioxan*, *liéxan*, *lixan*, leuchten.

Zu *luk* gehört auch die grundsprachliche Bildung *lauka*
freier Raum.[5])

9) Die Wurzel *las*, begehren, leitet Fick[6]) her aus indogermanischem *ra*, lieben. Da wir aber *las* aus jener Wurzel
uns nicht anders entstanden denken können, als durch vor-
hergehende Verwandlung des *r* in *l* und ·Zutritt von *s* an *la,
wodurch wir dem *l* ein bedenklich hohes Alter einräumten,
so ist es hier wie für die Erklärung aller Wurzeln mit *l*
vorzuziehen, wenn eine Herleitung gefunden wird, die sie mit
einer bis auf die liquida ganz gleichen Wurzel verbindet, und
es ist demnach eine Wurzel *ras* zu suchen, aus deren Bedeutung sich die unserer Wurzel erklären lässt. Auf die An-
knüpfungspunkte weist uns sehr schön das Sanskrit hin:
Dort hat *las* folgende Bedeutungen: strahlen, glänzen; er-

---

[1]) Vgl. d. Formen bei Justi. [2]) Fick 171. [3]) Corssens Bedenken
Beitr. 411 gegen ein eingeschobenes *s* im Lat. erledigen sich durch die
Uebereinstimmung der verwandten Sprachen, gegen seine Ableitung von
illustris aus *lustrum* vgl. Bugge Zs. 20, 15. [4]) *lūna*, das der dialek-
tischen Form *losna* wegen nicht aus *lucna erklärt werden kann, deutet
jetzt Bugge Zs. 20, 14 ff. aus *loux-na* = altb. *raokhshna* wie preuss.
laux-nos. [5]) Fick 176. [6]) p. 941.

schallen, tönen; spielen, sich vergnügen, caus. tanzen, im Intensiv und in der Form *lash*, begehren. Am ältsten ist ohne
Zweifel die Bedeutung „sich bewegen", woraus auch sonst die
Bedeutungen tönen und leuchten hervorgehen, vgl. z.B. got *brahva*,
das Blinken, *brahv augins*, Augenblick und sskr. *bhrâç*, flimmern,
blinken = leuchten.[1]) Die Bedeutung tönen (in ihren verschiedenen Modificationen brüllen, schreien, sprechen) finden
wir nun in dem grundsprachlichen *ras*, mit dem also jedenfalls *las* zu verbinden ist. Daraus ergiebt sich folgende
Gegenüberstellung:

ras	*las*
sskr. *ras-ati*, brüllen, wiehern, schreien, tönen.	sskr. *las-ati*, strahlen, glänzen; erschallen, tönen; spie-len, sich vergnügen; caus.
rasita, n. Geschrei, Getön.	*lāsayati*, tanzen, vom
rasana, Brüllen, Schreien.	Intensiv *lālas*:
rās-ate, heulen, schreien.	*lālasa*, begierig nach.
rās-abha m. Esel.	*lash-ati*
altb. *ranh*, tönen, loben (un-belegt bei Justi) *ranhâo*, heulend, weinend.	*lashate* *lashyati* *lashyate* ⎱ begehren.
got. *razda* f. Sprache, Mund-art.	*lashana*, begehrend.
an. *rödd* f. Laut, Stimme.	*lāshuka*, begehrlich, hab-süchtig.
ags. *reord* st. f. Sprache.	*abhilāsha* m. Verlangen,
ahd. *rarta*, Stimme, *rêrên*, blöken, brüllen.[2])	Begierde.
	gr. λάω für λασω, ich will.
	λιλαίομαι, begehre.

[1]) Ueber die nahe Beziehung der sprachlichen Ausdrücke für tönen
und leuchten vgl. auch Curtius 279, ferner die im *P. W.* aus dem
Dhâtupâthas angeführte Wurzel *bhranç* „leuchten oder sprechen"
[2]) Griech. ἐρασ in ἐρασ-τός geliebt reizend wage ich, obgleich Fick 175
es mit *las* vergleicht, nicht hierherzuziehen, da ich das ε nicht für einen
Verschlagsvocal halten kann. Die Wurzelform *ras* ist eine verhältnissmässig junge, wie überhaupt die Wurzeln mit anlautender liquida sich
auf ältere mit Vocal vor der liquida zurückführen lassen dürften. Gerade das Griechische hat die ältere Stellung oft bewahrt, vgl. ἐλέγχω
neben *langh* aus *argh*, ferner ἐρετμόν neben lat. *remus*, arisch dagegen
noch *aritra* treibend, Ruder, vgl. Fick 432, wo auch lit. *iriu ir-ti*

vgl. auch
ndd. *rör-en* heulen weinen
und Fick 843.

λῆμα λῆσις, Wille.
λάσ-ταυρος.[1])
λίαν, gewaltig, sehr.
lat. *las-c-ivus*
got. *lus-tus*, Lust, Begierde,
lustôn, begehren.
böhm. *laska* f. Liebe.
(lit.*loska*,Huld, entlehnt, Fick.)
ksl. *laska*, Schmeichelei.
laskovŭ, schmeichlerisch.

Ueber die begriffliche Trennung der beiden Wurzeln braucht nichts weiter bemerkt zu werden. Dass sie aber beide auf ein ursprünglicheres *ras* zurückgehen, wird die Gegenüberstellung der Sanskritwörter deutlich genug zeigen. Es würde auffallend sein, wenn die Sprache zu der Darstellung der vielfachen Modificationen, welche aus dem Begriff der Bewegung hervorgehen, nicht wenigstens die Differenzirung der liquidae benutzt hätte, die sie nun in Wirkichkeit verwendet hat, um die beiden Hauptbedeutungen 1) bewegt sein, (= a glänzen und b) begehren, 2) tönen auszudrücken.

---

rudern u. s. w. zu bemerken sind. Leo Meyer Vgl. Gram. 1, 70 vergleicht eine Reihe derartiger vocalisch anlautender griech. Wörter mit lateinischen ohne diesen Vocal, schliesst aber daraus, wie mir scheint mit Unrecht, auf das Nichtvorhandensein jenes Vocals im Gräcoitalischen.
[1]) λάσταυρος liesse sich auch anders erklären: λάσταυροι οἱ περὶ τὸν ὀῤῥὸν δασεῖς καὶ πόρνοι τινὲς ὄντες Hesych kl. Ausg. 964 wo nach vielleicht κίναιδος erst secund. Bedtg. vgl. 2 *varsa* Fick 184. — Curtius' Bemerkung 337, die Wurzel *las* habe im Griechischen vor Vocalen ihr σ eingebüsst, scheint mir nicht genau, in λῆμα λῆσις Wille fehlt es vor dem Consonanten, in λιλαίομαι wenn es wie Curtius mit Benfey Gr. W. L. 2, 137 will, aus *λιλάσjομαι entstanden, ebenfalls, wenn es aber, was Kuhn Zs. 2, 269 wie bei τρείω neben τρέω, ζείω neben ζέω wegen *trasati* und *trasyati*, *lashati* und *lashyati* zweifelhaft lässt, aus *λιλάσομαι entstanden, so ist σ zu ι geworden wie in λαικάζειν λαικάς (πόρνη). Vgl. auch Benfey Jubeo u. s. Verwandte p. 37, wo erstere Ansicht wiederholt ist. Regelmässig fällt allerdings *s* zwischen Vocalen im Griechischen aus. Bemerkenswerth ist noch die Form λαῖμα für λῆμα bei Aristophanes aves 1563 (Benfey G. W. L. 2, 136.)

Wieder ist es mir nicht gelungen, zu *las* entsprechende Formen im Altbaktrischen zu finden, die Beispiele zu *ras* sind bereits oben angeführt.

10) *ru*, zerschmettern, *lu*, schneiden, lösen, sind ursprünglich identisch,[1]) trennen sich aber, wie die Uebersicht zeigen soll, schon in der Grundsprache nach den angegebenen Bedeutungen. Ich will von beiden nur die wichtigsten Formen anführen, um die Trennung zu erweisen.

ru

ssk. *rav-ate*, belegt nur *rudhi* und *ruta*, zerschlagen, zerschmettern, *ru* m., nur bei Wilson cutting dividing.

lat. *ruo* intr. stürzen,[2]) stürmen, eilen, trans. aufraffen, zusammenraffen, aufwühlen, *rutabulum*, Werkzeug zum Aufscharren, Aufrühren.

gr. *ῥύομαι*, herausziehen, herausreissen (retten.) *ῥυτήρ*, Zugriem.

lit. *rauju, rauti*, ausreissen, ausgäten.

lu (lû) [3])

lunâti lunoti, schneiden, abschneiden, trennen. *lava*, das Schneiden, Wolle, Haar. *lavana*, schneidend. *lavānaka*, Werkzeug zum Schneiden, Sichel.

gr. *λύω*, löse, *λύτρον*, Lösegeld, *λήϊον* dor. *λαῖον*, Saatfeld = ss. *lavya*, *lāvya*, was geschnitten werden muss.

lat. *solvo solūtum*, lösen.

lit. *liau-ju liaú-ti*, aufhören.

got. *luna* m. Lösegeld.

---

[1]) wie auch Fick 176 bemerkt. [2]) *ruo* könnte man auch, mit Curtius 329, zu Wurzel von gr. *ῥέω ἐ-ῤῥύη-ν* nämlich indog. *sru* stellen, aber die transitive Bedeutung reissen, raffen und die Composita diruo, eruo obruo rechtfertigen die gegebene Herleitung. [3]) Diese Wurzel ist ohne Zweifel, wie bereits bei Fick geschehen, mit langem *û* für die Grundsprache anzusetzen, und die Formen mit kurzem *ŭ* sind als Verkürzungen anzusehen, z. B. im Sanskrit sicher durch Einfluss des in der 9. Classe im Singular auf das Characteristicum *na* fallenden Accents, wie es auch bei *jrî* altern, *pli* gehen, *bli* gebn, wählen geschieht, vgl. Benfey Kurze Gr. § 186, 2. Das lange *û* wird ausser den sskr. Formen *lûna* p. p. p., *lûni* das Schneiden, und lat. *so-lûtus* noch beglaubigt durch das gr. p. p. p. *λῦτος*, das nur in dem adverbialen acc des Compositums *βουλῦτόνδε* Π 779 schon bei Homer vorkommt, während *λυσι-* als erster Theil von Compositis schwankende Quantität zeigt, vgl. das Wörterbuch.

ksl. *ry-ją ryti*, ausziehen,
ausreissen, *rov - ŭ* m.
Grab, Grube.

Bugge [1]) vergleicht noch an. *lé* m. Sense für *léi* von einer
Grundform *lĕva* für *lĕvan*, verwandt ist nach ihm ferner das
allerdings sehr verkürzte *ljá* f. neugemähtes Gras. Die Uebereinstimmung des Altindischen, Griechischen und Germanischen
hat, wie Bugge noch bemerkt, sogar kulturgeschichtliche Bedeutung.

Da *lū*, schneiden, im Sanskrit vorzugsweise vom Abschneiden von Gras und Getreide gebraucht wird, wesshalb auch
lāvaka (Abschneiden) speciell Mähen heisst, ferner *lāvya*, Ab-
zuschneidendes, welches = ist gr. *λήϊον* dor. *λαῖον*[2]) im Griechischen die Bedeutung Saatfeld bekommt, endlich *ἀπολαύω*
(abmähen und daher)[3]) geniessen heisst, so gehört auch Wurzel *lu*, erbeuten, hierher, ist aber nicht blos europäisch, sondern wegen der entsprechenden Formen im Sanskrit schon
indogermanisch. Folgende Beispiele zeigen dies: sskr. *lota* m.
Thräne, Zeichen n. B e u t e, *lotra* n. Beute, Thränen, letzteres
aus der Bedeutung von *lu*, auflösen, lösen herzuleiten; griech.
ἀπολαύω, geniesse, *λε-ία ληΐς*, Beute, *ληΐζομαι*, erbeute,
ληῑτι(δ)ς, Beutemacherin, lat. *lūcrum, Laverna*, Diebsgöttin,
laverniones, Diebe; got. *lau-n* as. *lôn*, ahd. mhd. *lôn* stehen
vermittelnd zwischen den Bedeutungen lösen und erbeuten
(vgl. „Erlös") da. ksl. *lov-iti*, jagen, *lov-ŭ*, Jagd, Fang.[4])

Die Entsprechungen aus dem Altbaktrischen fehlen, soweit ich sehe, gänzlich.

11) Die ursprünglich identischen Wurzeln *var val*, trennen sich bereits in der Grundsprache so, dass *var* umgeben,
bedecken, *val* dasselbe, aber ausserdem nur für sich drehen,
wälzen heissen, wovon sich bei *var* nur eine Spur findet.
Man vergleiche:

---

[1]) Zs. 20, 10. [2]) wie bereits Benfey G. W. L. 2, 1 bemerkt.
[3]) Benfey a. a. O. [4]) Die Bedenken von Curtius 339 gegen die Ver-
bindung von *lu* lösen und *lu* erbeuten, die besonders Corssens Erklärung durch den vermittelnden Ausdruk „einen Schnitt machen," betreffen,
scheinen mir durch obige Zusammenstellung erledigt.

tar

ssk. *rarate, crṇoti,* umringen,
abhalten, wehren, *vara*
m. Umkreis, Umgebung,
Raum, das Hemmen.
var-aṇa, Wall.
varman n. Panzer,Schutz-
wehr.

gr. *ϝόϱ-ονται,* beaufsichtigen.
οὖϱος, Wächter.
ϕϱοῦϱος (für *πϱοϝοϱος*)
dass.
*ὥϱα,*Hut,Sorge,*ὁϱάω,* ge-
gewahre, sehe. Wegen
des *ϝ* vgl. noch *βῶϱοι*
ὀϕϑαλμοί, bei Hesych.[1]
lat. *ver-cor,* wahre, hüte mich.
ksl. *vr-ą vrĕ-ti,* schliessen.
lit. *at-verti,* öffnen, *su-verti,*
zumachen.
got. *var-s,* behutsam, *varjan,*
wehren.
as. *war-ôn,* bemerken.

ral

sskr. *valate, valati,*sich wenden,
valita, gewendet, ge-
bogen (auch die Be-
deutung verbergen wird
noch angeführt.)
caus. sich wenden, rollen
machen.
val-ana, das Sichwenden.
val-aya m. n. Armband.
*valli valli,*Schlingpflanze.
ul-ūta, Boa Constrictor.
gr. *ἐλύω εἰλύω* für *ἐϝλύω.*[2]
εἰλεός m. Darmverschlin-
gung = sskr. *val-aya.*
lat. *vol-vo,* wälze, *vol-ûmen.*
lit. *velu, velti,* wickeln, walken.
vol-óti, herumwälzen.
ksl. *vlŭ-na* f. Welle =
ahd *wẽlla* f. Welle (für *wel-
na*)
ksl. *val-ją, val-iti,* wälzen.
got *val-v-jan,* wälzen.

Curtius führt das sskr. *ûr-mi* m. Welle, Falte an, in
welchem allerdings einmal die Bedeutung von *var* zu der von
val hinübergreift, da aber im sskr. die Verbalwurzel *var* nicht
die Bedeutung wälzen hat[3]) und die Entwicklungsreihe der
beiden Wurzeln durch alle Sprachen hindurch eine ganz verschiedene ist, so kann jene Ausnahme nichts entscheiden.
Noch ein Beispiel bleibt zu erledigen. Griech. *ἔλντϱον,* Hülle,
muss als vollständig identisch mit ssk. *varutra* m. angesehen
werden, wie bereits Pott bemerkt hat. Es gehört natürlich
seiner Bedeutung wegen zu *var,* nicht zu *val,* da ein euro-

---

[1]) Curtius 324. [2]) Fick 185 vgl. Curtius 334, der aber die Wörter,
welche mahlen bedeuten, mit Unrecht vergleicht und die Bedeutungsentwicklung umgekehrt auffasst. (Neben sskr. *ulŭkhala* Mörser findet
sich *udŭkhala,* das Wort gehört natürlich nicht hierher.) [3]) weshalb
für das Wort vielleicht eine andere Etymologie zu suchen ist.

päisches *l* nie die Gleichstellung mit arischem *r* verbietet, beweist also nicht, dass das indogermanische *val* noch auf europäischem Boden verhüllen hies. *vêlum* dagegen, das man[1]) hierherzustellen versucht sein könnte, leitet Curtius[2]) wegen *vexillum* das als Deminutiv davon anzusehen, von *vagh* ab.

Was nun das Altbaktrische betrifft, so weist es für grundsprachlich *var* folgende Formen auf: *var*, bedecken, beschützen, abhalten, *varatha* m. Schutzwehr, *varena* f. Bedeckung, *varenva* m. Bedeckung, *vairi* f. Harnisch, *vairi* m. See, *vara* m. Garten, in welchen sich die Bedeutungen „bedecken, umgeben" recht deutlich erkennen lassen; aber eine Anwendung auf die drehende Bewegung, die Bedeutung wälzen, ist mir nicht gelungen auch nur in einem Beispiele zu entdecken.[3])

Wie die Bedeutung wälzen, so hat sich auch die Bedeutung stark sein aus dem Begriff umgeben, schützen, entwickelt, aber gegenüber dem für jenes gebrauchten *var* in der Form *val*, Dazu gehören

sskr. *bala* (*b* und *v* wechseln bekanntlich im Sanskrit) lat. *val-eo, valor, validus, valde* und die Städtenamen *Valesium, Valetium* „feste" Stadt, sowie *Valesius*, später *Valerius*[4]) lit. *val-à* f. Macht, Gewalt, *valióti*, zwingen[5]), got. *valdan*.

Im Altbaktrischen fehlt eine entsprechende Bildung. Entfernte Aehnlichkeit hat *urvañt*, tüchtig, stark[6]); aber Justi leitet es von *urvaṭ* ab, das „sich befreunden, übereinkommen, zu Stande bringen" heisst und nach Justi mit *varet*, sich zu Etwas hinwenden, sskr. *vart* zusammenhängt.[7])

Wie schon bei Wurzel *tar* (Nr. 1) bemerkt wurde, bilden sich oft von Wurzeln mit *r* gewisse Nominalausdrücke mit *l* übereinstimmend in den verschiedenen Sprachen, wesshalb auch sie trotz mangelnder Bedeutungsdifferenz als schon grundsprachlich neben der Wurzel mit *r* bestehend anzusehen sind. Auch von *var*, umgeben, einhüllen, hat sich eine Form *valva*,[8]) Hülle, Eihaut, Gebärmutter gebildet in:

---

[1]) mit Corssen Beitr. 60, welcher *ē* in *vēlum* aus *väl* erklärt wie in *sēdes* aus *säd*. [2]) p. 182. [3]) Vgl. die angeführten Formen bei Justi, sowie bei Fick 306 und 307. [4]) Corssen Beitr. 473. [5]) Fick 185. [6]) Justi 66. [7]) Justi 269. [8]) Wie mir scheint, ist hier die Ursache des

skr. *ulva. ulba* (schon vedisch), Hülle um den Embryo, Eihaut, in compositis Hülle überhaupt, lat. *volva, vulva,* davon demin. *volv-ula.* Hierher gehört ferner lat. *val-volus,* Hülse der Bohnen, dessen *l* daher nicht wie Corssen[1]) behauptet auf lat. Sprachboden entstanden ist, endlich auch *valva,* Thürflügel, wenn man es nicht, wogegen Corssen[2]) den Sprachgebrauch vertitur (statt volvitur) von der sich drehenden Thür geltend macht, von *val* wälzen, lat. *volvere* herleiten will, da doch der lat. Sprachgebrauch wohl jünger ist, als die Enstehung von *valva.*

Das Wort fehlt im Altbaktrischen, obgleich *var,* verhüllen, belegt ist (vgl. *varenva).* Eine arische Bildung liegt vor in dem im *RV* häufigen *vavra,* sich versteckend, *vavri* m. Versteck. Hülle, altb. *vaoiri* m. Hülle, Hülse.

Noch eine Bildung ist hierherzuziehen, nämlich *vāra* mit der schon grundsprachlichen Nebenform *vāla.*[3])

sskr. *(ved) vāra,* Schweifhaare,   sskr. *vāla (bāla),* Schweifhaar,
Rosshaar überhaupt.   Rosshaar.

puruvāra, reichen   lat. *ūlo-,* Schweif, in *ad.-ûlor.*
Schwanz und Mähne
habend *(RV.)*

altb. *vāra,* Schweif, Schwanz.

lit. *val-as* m. Schweifhaar des Pferdes, ahd. *wāla* f. Wedel, Fächer. Das Sanskrit und Litauische besonders zeigen deutlich, dass das Wort ursprünglich das Haar bezeichnete, besonders an Mähne und Schweif des Pferdes, dann erst den Schweif. Die Wurzel ist daher jedenfalls *var,* bedecken, nicht *vā,* wehen, wedeln.[4]) Griechisch οὐρά, das Fick hierherstellt, fällt neben den europäischen Wörtern mit *l* auf, dazu zeigt sich nirgends, dass das Wort ebenso wie die genannten herzuleiten wäre, vielmehr bezeichnet οὐρά wie οὔραχος οὐρίαχος das äusserste Ende eines Dinges, auch das Hintertheil eines Schiffes und den Nachtrab eines Heeres. Daher

---

phonetischen Ueberganges von *r* in *l* zu erkennen in dem Einfluss des folgenden *v,* vor dem ganz besonders häufig jener Uebergang stattfindet.
[1]) Beitr. 385.   [2]) Beitr. 321.   [3]) Fick 188.   [4]) So Fick 188.

gehört es mit Curtius [1]) zu ὅῤῥος, Steissbein, Bürzel (für ὅρσος). [2]) Auch Bugge [3]) lässt den Unterschied in der Vorstellung, die dem griechischen Worte gegenüber den andern Sprachen zu Grunde liegt, ausser Acht.

Was uns nun hindern soll, bei der Uebereinstimmung des Sanskrit, Lateinischen, Litauischen und Deutschen die Form *vāla*, welche im Sanskrit doch schon im Nirukta erwähnt, auch im *A. V.* belegt ist, der Grundsprache zuzusprechen, ist nicht ersichtlich. Das Altbaktrische hat hier wirklich einmal *r*, ebenso wie das vedische Sanskrit, vielleicht fand in der Grundsprache also wirklich ein Schwanken der liquidae statt und die altarischen Sprachen wählten wie immer, wo es möglich war, die härtere liquida.

12) Ueber die grundsprachliche Trennung der Wurzeln *spar* und *spal* lässt sich kein sicheres Urtheil fällen, da für ihre begriffliche Entwicklung im Sanskrit noch die ausführlichen Belege fehlen. Doch darf der Wurzel *spal* vielleicht die Bedeutung fallen, die sie im Europäischen entschieden allein usurpirt, auch schon für die Grundsprache zugeschrieben werden, da das Sanskrit die Bedeutung ebenfalls hat.

spar, zucken, [4]) zappeln, mit den Füssen treten = spornen; zittern, schimmern, leuchten.	*spal,* wanken, fallen, caus. zu Fall bringen, fällen = betrügen.
ssk. *sphur-ati,* [5]) zucken, zappeln, (Fick) vibriren, springen, herzubringen, züngeln, blitzen, blinken, leuchten. [6])	ssk. *sphal, sphul,* wanken, caus. zu Fall bringen. *ā sphālita,* erschlagen, d. i. „gefällt." gr. σφάλλω, bringe zu Fall = lat. *fallo.* lit. *pŭlu, pŭlti,* fallen.

---

[1]) Gr. Et. 325. [2]) Vgl. europ. *arsa* Fick 342. [3]) Zs. 20, 30. Bugge vergleicht noch an *vĕli* Vogelschwanz. [4]) Siehe die Uebersichten bei Fick 215 und 216. [5]) Ueber den aspirirenden Einfluss des anlautenden *s* vgl. unter A. Kuhn Zs. 3, 323, über Verdunklung des *a* zu *u* vor liquidis und nach Labialen besonders im Sanskrit p. 325 und Benfey K. Gr. § 24. [6]) Benfey Glossar. z. Chrest.

gr. σπαίρω ἀσπαίρω, zucken,
zappeln.
lat. *spernere*, verachten, zu-
rückstossen.
lit. *spir-iù, spir-ti*, mit den
Füssen ausschlagen, tre-
ten *spar-as*, Sparren.
ahd. *sparro* }
mhd. *sparre* } Sparren.
ahd. *sporo*, ags *spora*[1])
spura, spur, Sporn,
davon ahd. *spornan*,
spurnan.
ags. *spurnan*, spornen.
ahd. *sperran* }
niedd. *sparteln*. } zappeln.

as. *fallan* }
ags. *feallan* } fallen.
ahd. *fallan* }
caus. *felljan*, fällen.

Im Sanskrit hat *sphal* auch noch die Bedeutungen von *sphar*, nicht aber umgekehrt, auch die ganze Bedeutungsentwicklung beider ist im Sanskrit, sowie noch deutlicher auf europäischer Seite verschieden, *spal* muss daher jedenfalls als grundsprachliche Wurzel angesetzt werden. Das Altbaktrische hat nur *çpar*, gehn, mit den Füssen treten, sich sträuben, die Bedeutung fallen fehlt.

13) Ein schlagendes Beispiel dafür, wie auch das Sanskrit von den ältesten Zeiten her die Wurzeln mit *r* und *l* begrifflich verschieden gebraucht hat, bietet ferner die Wurzel *kal* neben *kar* gehen. Jenes zeigt Spuren seiner Herkunft aus *kar*, indem es z. B. in der Form *cal-ana* auch Fuss heisst, jenes hat im Sanskrit nirgends die Bedeutungen von *kal*, „sich hin und herbewegen, schwanken, zittern", nähert sich dieser Intensivbedeutung[2]) höchstens, wenn es selbst Intensivform hat. Auf europäischem Boden haben die Formen mit *r*, wie oft, auch dieses in *l* verwandelt und können desshalb nur nach der Bedeutung getrennt werden.

---

[1]) Kuhn Zs. 3, 324. [2]) Verba für gehen bedeuten im Intens. in Krümmungen gehen = hin- und hergehn. Benfey K. Gram. § 84. Bem.

kar

ssk. *car,* gehen, durchwandern, durchstreifen, Intensiv sich schnell bewegen.

caraṇa m. Fusssoldat, Fuss n. Gang; Verfahren, Benehmen.

cara, beweglich d. h. nur vom Lebendigen überhaupt, das Thier im Gegensatz zur Pflanze[1]); Spion.

carācara R.V. 10,85, 11 beweglich, laufend.[2])

cāra, Spion, Gang, Lauf.

cāraṇa m. Wanderer. Hierher wohl in der Bedeutung *colere*[3])

ssk. *carî,* junge Frau.

gr. *κόρα κώρα, κοῦρος,* Jüngling. Mit *l* gehören hierher *βούκολος,* lautl =

sskr. *gocara, δύσκολος* = sskr. *duçcara.*

κῶλον, Bein, Fuss.

lat. *câlon*-Diener.[5])

callis, Weg.

kal

cal, sich rühren, zittern, schwanken.

calana (Fuss) Schwanken, Zittern.

cala, beweglich d. h. zitternd, unstät[1]) m Quecksilber.

calācala R.V. 1, 164, 8 wackelnd, locker[2]) später „veränderlich".

cāla das Wackeln.

dantacāla, das Wackeln der Zähne.

cālana n. das Hin und Herbewegen, „Wedeln.'[4])

κόλαξ, Schmeichler (vgl. *cālana* und lat. *adûlor.*)

κίγκλος, κίγκαλος, Bachstelze.

lit. *këli* f. Bachstelze.

---

[1]) So bemerkt ausdrücklich das Petersburger Wtb. [2]) So das *P. W.* [3]) Fick 34, anders freilich Curtius 141, der die griech. Wörter für Jüngling Mädchen von *skar* scheeren ableitet, doch spricht dagegen das identische sskr. *carî.* [4]) Die Bedeutung fehlt im *P. W.* aber Bhartr. 2, 26 wo von einem Hunde die Rede ist, heisst das Wort so, vgl. auch Benfey Glossar. z. Chrest. [5]) Die abweichende Erklärung, die Fick im

Zu *kar* gehören noch lit. *kél-ias*, Weg, *kel-ýs* m. Weg;
Knie, *keli-auti* reisen.[1] Auf die Bedeutungen von sskr.
cara und *caraṭa*, Bachstelze, ist doch wohl nicht viel Werth zu
legen, sonst müsste man eben annehmen, dass das Sanskrit
hier von einer andern Vorstellung als das Griechische ausge-
gegangen wäre, da sonst nie *car*, nur *cal* die Intensivbedeutung schwanken, zittern hat.

Das Altbaktrische hat folgende Formen: *carana* n. Werkzeug, *carāna* m. Feld, *caráiti*, Mädchen, Frau, *careta* f. Renn-
bahn (zu *car*, gehen), die Bedeutung „schwanken, zittern"
habe ich nicht gefunden.

14) Die Wurzel *gal*, fallen, verschwinden, welche nach der
Uebereinstimmuug des Sanskrit und der europäischen Sprachen als indogermanisch angesetzt werden muss, leitet Fick[2]
von *gar*, bespritzen, ab, das gar nicht vorkommt und von
den indischen Grammatikern nur aus *garana*, das Bespritzen,
erschlossen zu sein scheint. Welcher Bedeutungsübergang
stattgefunden habe, lässt sich bei dieser Herleitung gar nicht
verstehen. Weiter unten bei *rab lab* wird dagegen klar werden, dass die Bedeutung „fallen" sich sehr natürlich aus der
Bedeutung „schwer sein" ergiebt.[3] Auch für diese Bedeutung
scheint sich nun keine mit *gal* in Beziehung zu setzende
Wurzel zu finden; aber wir können noch weiter zurückgehen. Indem Joh. Schmidt zeigt, dass die Wörter βρίϑω
schwer sein, βρῖϑος, Schwere, nichts mit indogermanischem
garu gemein haben,[4] verbindet er sie mit lit. *brẹstu, bréndan*,
brẹsti, Kerne ansetzen, sich füllen, wie βρίϑεται, βαρύνεται
καρπῷ (Hesych.) und leitet sie von einer Wurzel indogerm.
bhrandh ab, welcher demnach die Bedeutungen „voll sein,

<hr>

Nachtrag p. 1061 zu diesem Worte vorschlägt, nämlich es von *kak* pas-
sen abzuleiten, ist gewiss nicht richtig. Zur Erklärung des langen *â*
lässt sich allerdings mit Fick sehr hübsch eine Form **caclon* voraussetzen, diese möchte ich aber für eine Reduplication von *kal* halten.
Selbst *cācula* könnte so entstanden, das *l* also wuszelhaft sein. Merk-
würdig ist *câcula* mit *â* Plaut Pseud Argumentum II, 14, das sich aus
der Reduplication nach Art der Intensiva sehr gut erklären würde.
[1] Fick 33. [2] 940. [3] Fick p. 60 leitet gerade umgekehrt ab, *garu*
schwer von *gal* abfallen, was unmöglich ist. [4] Zur Gesch. des ig
Vocalism. p. 124

schwer sein" zukommen. Denselben Bedeutungsübergang können wir aber für *gal* annehmen und dieses demnach mit Wurzel *gar* verschlingen, sich füllen, voll sein, schwer sein, daher *gal*, fallen, griech. βάλλειν, intrans. fallen, trans. werfen, verbinden. Die vollständige begriffliche Trennung von *gar* und *gal* ist klar, wenn ihre ursprüngliche Gleichheit eingeräumt wird, ich brauche daher nur die Belege für *gal* folgen zu lassen. Sskr. *gal-ati*, herabträufeln, wegfallen, verschwinden, *vi-gal*, sich ergiessen, *gālayati* (caus.), fallen, fliessen machen, *jala*, Wasser, gr. βάλλω, werfen,[1]) εἰσβάλλειν, münden, ἐκβάλλειν, hervorquellen, lat. *volare*,[2]) fliegen, lit. *gal-as*, Ende (Aufhören, Verschwinden) ahd. *quell-an*, quellen, *quāla*, Qual, *qualm* (gewaltsamer) Tod, Ende, ags. *cvealm* gewaltsamer Tod, Mord.

Von *gar*, verschlingen, sind wieder eine Reihe von Nominalbildungen abzuleiten, die theils *r* theils *l* aufweissen, aber immer so, dass die europäischen Sprachen und das Sanskrit in der Bezeichnung für eine bestimmte Sache übereinstimmend immer nur *r* oder nur *l* haben, was sich doch einzig aus schon grundsprachlicher Uebereinstimmung erklären lässt. So stehen nebeneinander die Bildungen:

1) *gara*, verschlingend in compositis.
sskr. *aja-gara*, Ziegen verschlingend = Schlange.
gr. δημοβόρος.
at. *carlnivorus*.

2) *gara*, Verschlungenes, Trank, *gara* n. Trank, Gift.
gr. γάρος, Brühe.
γάρον
(vgl. auch das demin. γάρ-ιον.)
lit. *girà* f. Trank.[3])

Dagegen wieder

gala, das Verschlingende, Kehle.
sskr. *gala* m Kehle.
lat. *gula*, Kehle.
ags. *ceole*, Kehle.

---

[1]) Die Bedeutung fallen ist auch im Griech. älter als die des Werfens. Bei Homer tritt letztere noch gar nicht auf, wie schon Aristarch bemerkt hat. βάλλειν heisst vielmehr bei ihm „treffen, percutere" d. h. also fallen machen, und erst später entwickelt sich daraus die Bedeutung (aus der Ferne) schleudern (vgl. Lehrs, Aristarch). [2]) Beispiele für die Entsprechungen sskr. *j* = gr. β = lat. *v* = grdspr. *gv* (*gar* aus urspr. *gvar*, wie auch die deutschen Formen zeigen) giebt Leo Meyer, gl V Gram. 1, 37, wo auch volare hierhergestellt ist. [3]) Fick 60.

au. *kela.*

ahd. *këlâ chëlâ,* Kehle.

Endlich leitet Fick[1]) von *gal,* quellen, das grundsprachliche *gula,* „Ballen Rundes" ab, was aber nicht möglich ist,
da *gal* nicht quellen etwa in dem Sinne von aufquellen
schwellen heisst. Sehr leicht ergiebt sich dagegen der Begriff des Geschwollenseins aus dem Begriff „in sich auf-
nehmen, verschlingen, voll sein", wie auch die Mehrzahl der
anzuführenden Beispiele mehr die Bedeutung eines hohlen, als
gerade eines runden Körpers hat und demnach zu *gar* gehört:
sskr. *gula* m. Ballen, *gulî* f. Kugel, Pille, an. *kula* f. Ballen,
Geschwulst und die gesteigerten Formen sskr. *gola* m
kugelförmiges Gefäss, gr. γαυλός, m. gewölbtes Gefäss,
Melkeimer γαῦλος Kauffahrteischiff, an. *kjölr,* ahd. *kiol*
chiol m. Schiff, Kiel. Hierher auch wohl: sskr. *glau* f.
Ballen, kropfartiger Auswuchs. Einmal wird das
Wort durch *hrdayanâḍî,* Röhren, Gefässe des Herzens,
erklärt[2]), für die gegebene Herleitung aus dem Begriff
hohl sein jedenfalls bestätigend, ahd. *chliuwa cliuwa* f.
mhd. *klûwen* n. Knäuel, Kugel. Mit lat. *gluere,* zusammen-
leimen, lassen sich hiernach letztere Wörter nicht vereinigen.[3])

Das Altbaktrische hat folgende Entsprechungen: *gar* verschlingen, *gara* m. Gift [siehe oben 2 *ǵara*][4]).

Bei der völligen Uebereinstimmung dieses Wortes auch
im Suffix mit der grundsprachlichen Form muss es auffallen,
wenn nun auf einmal gegen grundsprachlich *gala* Kehle, ein
ganz anderes Wort auftritt, *garañh,* das einem sskr. **garas-*
entsprechen würde, aber nicht etwa aus *gala* mit Zurück-
verwandlung des *l* in *r* entstanden ist. Es zeigt sich deutlich,
dass das Altbaktrische hier die grundsprachliche Bildung völlig
aufgegeben und auf seinem Boden eine Neubildung an deren
Stelle gesetzt hat[5]).

Auch zu den übrigen Nominalbildungen von *gar* habe ich
im Altbaktrischen keine Entsprechungen gefunden, wonach

---

[1]) p. 64. [2]) Siehe das Petersburger Wtb. [3]) Fick 67. [4]) Justi,
Lexicon. [5]) Vgl. denselben Vorgang bei *reñj-ya* neben *laghu, vavri*
(reduplicirte Form?) *zd. vaoiri* gegen *valva.*

deren grundsprachliches *l* unangefochten bleibt. Dagegen wird zu *gal* fallen ein unbelegtes *gar* herabfallen, schwer sein angeführt [1]), das sich vielleicht aus dem Zusammenhang mit *garu* erklärt und unserer Wurzel mit *l* nicht zu widersprechen braucht.

Fassen wir nun die Ergebnisse der vorliegenden Untersuchung zusammen, so glaube ich, selbst wenn ich Einiges übersehen oder nicht genau genug dargestellt haben sollte, folgende Thatsachen überzeugend genug erwiesen zu haben:

1) In einer Reihe von Beispielen stimmt das Sanskrit in Bezug auf die Entwicklung des *l* mit den europäischen Sprachen überein, so dass jener Laut der indogermanischen Ursprache nicht abgesprochen werden kann.

2) Eine wichtige Unterstützung erhält die Annahme eines grundsprachlichen *l* für eine Reihe ganz bestimmter grundsprachllicher Wörter und Wurzeln durch die Beobachtung, dass das *l* in ihnen als Träger einer ganz bestimmten Bedeutungsmodification gegenüber ältern Formen mit *r* auftritt und also gerade in diesen Formen auch dem Volke, welches sich der Grundsprache bediente, als von dem *r* scharf geschiedener Laut zum Bewusstsein gekommen sein muss. In einigen Fällen stehen Ableitungen mit *l* neben einer Wurzel mit *r* ohne begriffliche Verschiedenheit; aber hier sind es entweder vollständige Wörter, welche in Asien und Europa wiederkehren, oder die Ableitungen mit *l* sind in so auffallender Weise ganz übereinstimmend auf beiden Seiten zur Bezeichnung gewisser Dinge gebraucht, während von denselben Wurzeln nur Formen mit *r* zur Bezeichnung anderer Gegenstände verwendet sind, dass auch hier kein Zweifel an der grundsprachlichen Existenz des *l* sein kann.[2]) Nur in äusserst wenigen Fällen hat sich das *l* nach der lautlichen Trennung vom *r* nicht auch begrifflich davon geschieden, aber hier zeigte sich, dass beide Laute als identisch wohl nach einander, aber nicht leicht neben einander existiren können, da in den meisten Fällen dieser Art schon in der Grundsprache der eine der beiden Laute vor dem andern, meist *r* vor dem jüngern *l*, merklich zurücktrat. — Es stellte sich zugleich heraus, dass

---

[1]) Justi 102. [2]) Vgl. Nr. 14, 32.

für die europäischen Sprachen zweierlei *l* anzunehmen sind. Das eine ist bereits aus der Grundsprache mitgebracht, das andere existirte vor der Sprachtrennung als *r*, kann desshalb auch ohne Weiteres einem grundsprachlichen und arischen *r* völlig gleichgesetzt werden.[1]) Diese Thatsache ist äusserst wichtig, weil sich unten eine weitere Folgerung daraus ergeben wird.

3) Der Widerspruch des Altbaktrischen gegen das grundsprachliche *l* scheint mir völlig beseitigt durch das ziemlich auffallende Fehlen der Formen mit grundsprachlich *l* in dieser Sprache. Die Abneigung des Altbaktrischen gegen diesen Laut wird um so merkwürdiger, da immer wo *r* und *l* begrifflich verschieden sind, das Altbaktrische die Bildungen mit *l* ganz aufgegeben zu haben scheint,[2]) während die mit *r* meist reichlich belegt sind, wo dagegen die Wurzeln mit *r* und *l* nicht so schlagend getrennt sind, dass nicht die von beiden gebildeten Formen bedeutungsähnlich werden könnten, das Altbaktrische Entsprechungen genug bietet, die natürlich dann jedesmal zu den Formen der Grundsprache auf *r* gestellt werden müssen.

Wie nun aber das Altpersische Einspruch gegen das gundsprachliche *l* thun soll, ist unbegreiflich. In dem mässigen Lexicon Spiegels zu den persischen Keilschriften[3]) findet sich eine verhältnissmässig nennenswerthe Anzahl von Wurzeln und Wörtern mit *r*. Zur Sicherheit will ich die wichtigsten Formen daraus hierherstellen:

Arbirâ, Arbela p. 185; *kar*, machen 192; *kāra*, der Handelnde, 2) Heer, 3) Leute 193; *garb*, ergreifen 195; *Garmapada*, Monatsname 195, *garma*, wohl = altb. *garemu*, Wärme (Spiegel); *tar*, hinübergehen, überschreiten 198; *Thukhra* N. pr. eines Persers = altb. *çukhra* 201; *dar*, halten, besitzen, 2) sich aufhalten, 3) sich halten, aushalten 201; *darsam*, heftig, sehr 202; *d'ura*, fern, ssk. altb. *dûra* 203; *d'ur'uj*, lügen, altb. *druj*, sskr. *druh* 203; *d'uvar*, machen,

---

[1]) Vgl. *taras* = τέλος, *gocara* = βουχόλος, *varutram* = ἔλυτρον u. A. [2]) Vgl. über den Ersatz solcher Bildungen in einigen Fällen die Note bei Nr. 14 am Schlusse p. 46, ferner p. 69. [3]) Spiegel Die altpers. Keilinschriften Leipzig 1862.

vollbringen 204; *par'u,* viel 207; *parç,* fragen, 2) verhören, bestrafen 208; *bar,* tragen 210; *Bâkhtri,* Baktrien 211, altb. *Bâkhdhi; Bâbir'u,* Babylon 211; *mar,* sterben 212; *martiya,* Mensch 213; *rad,* altb. *raz* (?) gerade, richtig sein; *raç,* kommen, gelangen 215; *râçta,* gerade, richtig 215; *râd,* das Denken, Beschliessen 215; *var,* verkünden 216.

Man sieht leicht, dass ausser den beiden Eigennamen *Arbirâ* und *Bâbir'u* aus dem ganzen Verzeichnisse keine einzige Form mit *r* einer grundsprachlichen mit *l* entspricht, über jene beiden Eigennamen weiss ich nichts zu sagen, als dass z. B. Babylon im Hebräischen בָּבֶל wieder mit *l* auftritt und dass jedenfalls Eigennamen hier ebensowenig Gewicht haben wie anderswo, da jedes Volk sie nach seinen eignen Lautneigungen umbildet, ja diese Wörter, bei denen doch wohl Wandel des *l* zu *r* im Eranischen anzunehmen ist, dürften noch die Berechtigung der Annahme eines gleichen Ueberganges bei den unter Nr. 33 behandelten Wörtern erhöhen.